99 × STUTTGART

wie Sie es noch nicht kennen

Annette Clauß
Olaf Krüger

BRUCKMANN

Inhalt

Stuttgart-Süd

Stuttgart-West

Stuttgart-Ost

Rund um den Kessel

Stuttgart-Umgebung

Vorwort

»Eine kleine Reise ist genug, um uns und die Welt zu erneuern«, fand der Schriftsteller und Journalist Kurt Tucholsky und hatte, wie so oft, recht damit. Doch vor der Reise kommt der Stress: noch schnell alles Liegengebliebene auf dem Schreibtisch abarbeiten, Kofferpacken, Zeitung abbestellen, die Meerschweinchen in die Tierpension und die Topfpflanze zum Nachbarn nebenan bringen.

Deutlich entspannter ist da eine wirklich kleine Reise, ein Streifzug, der vor die eigene Haustür führt, fast keine Vorbereitung braucht, und nicht länger als einen Tag dauert. Langweilig? Von wegen, denn während Mensch im Urlaub in der Fremde gar nicht genug von neuen Wegen, Orten, Speisen und Begegnungen bekommen kann, trottet er in heimischen Gefilden aus Mangel an Zeit oder aus Bequemlichkeit die immer gleichen, ausgetretenen Pfade. Ohne nach links und rechts zu schauen, verpasst er kuriose, schöne, außergewöhnliche Orte, denen er im Urlaub einen Besuch abstatten würde.

Dieses Buch soll Lust darauf machen, den einen oder anderen Umweg zu gehen, Neues zu entdecken oder das Vertraute und vermeintlich wenig Spannende mit anderen Augen zu sehen. Wie wär's mit einem Ausflug zur verlassenen Schießbahn in Feuerbach? Wissen Sie, wo man das Hutzelmännlein treffen kann? Oder die vier Turmbläser der Stadt? Welches Café serviert holländische Minipfannkuchen? Wo pinkelt der schwäbische Bruder des belgischen Wahrzeichens Manneken Pis? Und welche Straße kann mit einem Trojanischen Pferd aufwarten? Alle Fragen beantwortet? Dann dürfen Sie sich jetzt zurücklehnen. Wenn nicht, dann Schuhe an und nichts wie raus: höchste Zeit, sich und die Welt ein kleines bisschen zu erneuern.

Viel Spaß beim Entdecken,
Annette Clauß und Olaf Krüger

Herrn Mörikes Kobold

»Ein Kobold gut bin ich bekannt in dieser Stadt und weit im Land« – so beginnt Eduard Mörikes Märchen vom Stuttgarter Hutzelmännlein. Dessen steinernes Abbild hängt versteckt an einer Ecke des städtischen Fruchtkastens beim Schillerplatz.

Wer nicht nach oben schaut, läuft glatt an dem freundlich blickenden Kobold aus Stein vorbei. Wieso der Gnom Schuhe im Arm hält, weiß jeder, der Eduard Mörikes im Jahr 1853 veröffentlichtes Märchen vom Stuttgarter Hutzelmännlein gelesen hat. Wer die Erzählung nicht kennt, sollte das nachholen. Mörike berichtet von den Abenteuern des Stuttgarter Schustergesellen Sepp, der sich auf Wanderschaft begibt und am Abend vor seiner Reise Besuch von einem seltsamen Männlein bekommt. Der Kobold schenkt dem jungen Mann zwei Paar magische Glücksschuhe und eine schwäbische Spezialität, einen Laib Hutzelbrot – ein süßes Brot mit Dörrobst. Da es in diesem Fall ein magisches Brot ist, geht es nie zur Neige. Sepp erlebt auf seiner Fußreise so manche wundersame Begebenheit, gerät in höchste Gefahr und kehrt schließlich zurück in seine Heimatstadt, wo er die Frau fürs Leben kennenlernt. Das Happy End hat Eduard Mörike auf den Stuttgarter Marktplatz verlegt, der seit dem Zweiten Weltkrieg gänzlich anders aussieht als zu Mörikes Zeit. Auch das Haus mit Erkern, Türmchen und einer kleinen Koboldfigur, die Mörike zu seinem Märchen inspirierte, ist zerstört worden. Der Gnom am städtischen Fruchtkasten stammt aus der Nachkriegszeit. Im Fruchtkasten, einem der ältesten erhaltenen Gebäude der Stadt aus dem 14. Jahrhundert, ist heute das Haus der Musik, eine Zweigstelle des Landesmuseums Württemberg, untergebracht. Neben historischen Instrumenten finden sich im kuriosen Klanglabor außergewöhnliche Instrumente zum Ausprobieren, beispielsweise ein Summtopf, ein Kuhglockenklavier, ein klingender Besen und eine singende Säge. Wer mag, darf sich am Boxsack »Beathoven« abarbeiten, der Schläge nicht übel nimmt, sondern dank eines eingebauten Samplers und Verstärkers mit verschiedenen Klängen belohnt.

Städtischer Fruchtkasten · Di–So 10–17 Uhr · Schillerplatz 1 · 70173 Stuttgart
Tel. 0711 89 53 51 11 · www.landesmuseum-stuttgart.de
Haltestelle Schlossplatz U5, 6, 7, 12, 15, Bus 42, 44

Ein Kobold gut bin ich bekannt
In dieser Stadt und weit im Land.
Meines Handwerks ein Schuster war
Gewiß vor siebenhundert Jahr.
Das Hutzelbrot ich hab erdacht,
Auch viel seltsame Streich gemacht.

Das Hutzelmännlein, ein freundlicher Geist, ist eine Schöpfung des Dichters Eduard Mörike.

02 Hufgeklapper im Treppenhaus

Extra breit und extra flach sind die Stufen der Treppe, die zum Rittersaal des Alten Schlosses hinaufführt. Der württembergische Herzog Christoph hat im 16. Jahrhundert ein ganz spezielles Bauwerk für ganz spezielle Benutzer bauen lassen: für Pferde und ihre Reiter.

Eine Treppe für des Ritters treuen Begleiter, das Pferd – wo, wenn nicht in Stuttgart, der Stadt mit einem Rössle im Wappen, sollte es das geben? Über die Reittreppe konnten die Ritter in voller Stahlmontur hoch zu Ross zum Festsaal über der Dürnitz des Alten Schlosses gelangen. Herzog Christoph, der ab 1550 regierte, war der Bauherr der Treppe, die mit ihren flachen und breiten Stufen für die Vierbeiner gut zu begehen war. Er hat das Alte Schloss, das um das Jahr 950 zum Schutz des Gestüts Stutengarten als Wasserburg errichtet worden war, zu einer modernen Residenz umbauen lassen. Neben der Reittreppe entstand zum Beispiel die Schlosskirche. Das Schloss mit seinen

Speziell für Kinder konzipiert: das Angebot Junges Schloss

mächtigen Türmen hat seither einiges mitgemacht. Als sich Herzog Carl Eugen im 18. Jahrhundert ein neues Domizil gleich nebenan bauen ließ – das Neue Schloss – spielte der alte Bau nur noch eine Nebenrolle, zeitweise drohte ihm gar der Abriss. Bei einem Brand im Jahr 1931 ist das Alte Schloss schwer beschädigt worden, im Zweiten Weltkrieg zerstörten Bomben große Teile des Gebäudes. Nach dem Krieg ist es aus Ruinen auferstanden, seit 1948 dient es als Sitz des Landesmuseums Württemberg, das mehr als eine Million Objekte betreut. Im Alten Schloss sind Kunstwerke der klassischen Antike ausgestellt, zudem Waffen und Schmuck der Römer, Kelten, Alemannen und Franken, Elfenbeinfiguren, die als älteste Kunstwerke der Menschheit gelten. Außerdem Kostbarkeiten aus der herzoglichen Kunstkammer, Prunkuhren aus der Renaissance und schwäbische Skulpturen des Mittelalters. Für den Nachwuchs ab vier Jahren bietet das Kindermuseum Junges Schloss interaktive Ausstellungen, bei denen die jungen Besucher kräftig mitmachen und Geschichte erleben können – sei es beim Bau einer römischen Stadt, als Mammutjäger oder als Pirat.

Altes Schloss/Landesmuseum Württemberg · Di–So 10–17 Uhr · Schillerplatz 6 · 70173 Stuttgart
Tel. 0711 89 53 51 11 · www.landesmuseum-stuttgart.de
Haltestelle Schlossplatz U5, 6, 7, 12, 15, Bus 42, 44

Die Stufen der Reittreppe sind so flach, dass sie für Pferde kein Hindernis sind.

Die Turmbläser haben wenig Platz, aber eine herrliche Aussicht.

Gotteslob – herausposaunt und hinaustrompetet

Morgens gegen halb neun erwacht die Stuttgarter City langsam zum Leben. Rollläden gehen hoch, die ersten Geschäfte öffnen ihre Ladentüren. Doch bevor der Großstadttrubel so richtig beginnt, bleibt pünktlich um 8.45 Uhr die Zeit noch einmal für einige Minuten stehen – dann schlägt die Stunde der vier Turmbläser.

Rechtzeitig, bevor die große Glocke der Stiftskirchenuhr schlägt und alles übertönt, treten die Turmbläser an die schmale Brüstung des 61 Meter hohen Westturms, setzen ihre Instrumente an die Lippen und schmettern los. Das tun sie bei plus 20 oder minus zwei Grad Celsius, bei Regen und bei Sonnenschein. Aus zwei Trompeten und zwei Posaunen erschallen für rund zehn Minuten alte Kirchenlieder wie »Geh aus mein Herz und suche Freud« oder Bach-Sätze, die mit dem Baustellen- und Verkehrslärm rundum konkurrieren. Auch wenn die Musiker 234 Treppen hoch über ihrem Publikum spielen, können sie aus den Augenwinkeln sehen, wie sich Dachfenster öffnen, Fußgänger stehen bleiben oder ein Radfahrer von seinem Drahtesel steigt und zuhört. Nach jeweils zwei Versen wechseln die Turmbläser ihre Position. Sie richten ihre Instrumente zuerst gen Rathaus, dann in Richtung Königstraße und zuletzt auf den Schlossplatz aus. Über das Kirchendach wird laut Tradition und aus unbekannten Gründen nicht gespielt. Rund 400 Jahre alt ist der schöne Stuttgarter Brauch, den Tag mit einigen Takten geistlicher Musik zu begrüßen. Im Jahr 1618 ist das Turmblasen eingeführt worden, etwa 20 Jahre später richtete Bürgermeister Wolff Fridrich Lindespür eine Stiftung für die Bläser ein. Wie das damalige Quartett für seine Dienste entlohnt wurde, ist nicht überliefert. Fest steht aber, dass die alte Tradition in der jüngsten Vergangenheit aus Kostengründen mehrmals kurz vor dem Aus stand – obwohl die Bläser wenig mehr als ihre Fahrtkosten ersetzt bekommen und ihren Dienst aus Idealismus tun. Statt wie früher fünf Mal pro Woche, spielen sie noch an zwei Tagen – und das nur, weil immer wieder Menschen bereit sind, die Turmbläser mit einer Spende zu unterstützen.

Stiftskirche · Di, Do 8.45 Uhr (außerhalb der Sommerferien) · Stiftstraße 12 · 70173 Stuttgart
Haltestelle Schlossplatz U5, 6, 7, 12, 15, Bus 42, 44.

04 Bloß keine Massenware

Etwas mehr als einen Kilometer misst die Königstraße. Sie ist damit die längste Einkaufsstraße der Stadt. Hier buhlen die Filialen sämtlicher bekannter Handelsunternehmen um Gunst und Geld der Kundschaft. Läden, die aus dem Rahmen fallen, sind hingegen rar – aber es gibt sie.

In einer Manufaktur wird alles Mögliche produziert, nur keine Massenware. Die Caritas-Manufaktur in der Königstraße verkauft denn auch ausschließlich von Hand gefertigte Produkte und handverlesene Waren, die »Made in Stuttgart« sind. Schon das unterscheidet den kleinen, feinen Laden im Haus der Katholischen Kirche von den meisten Geschäften auf der Einkaufsmeile. Eine weitere Besonderheit ist, dass die Mitarbeiter des Verkaufsteams allesamt Menschen sind, mit denen es das Leben nicht immer gut gemeint hat. Im Caritas-Laden übernehmen die ehemals Langzeitarbeitslosen Verantwortung und gehen auf diesem Weg Schritt für Schritt zurück ins Berufsleben. Zum Sortiment gehören Umhängetaschen, Geldbeutel und Federmäppchen aus bunten, robusten Lastwagenplanen, die im Sozialunternehmen Lederschmiede im Stuttgarter Süden von ehemaligen Drogenabhängigen angefertigt werden. Der schlanke Sprinter und der großbauchige Kurier sind nur zwei der Taschenmodelle, die von rund 20 Mitarbeitern genäht werden. Und zwar mit Garn, das bei der Produktion von Zelten benutzt wird und für ausgesprochen stabile Nähte sorgt. Außerdem liegen in den Regalen bedruckte Textilien aus der Siebdruckerei Sieben Siebe in Feuerbach. Auch sie ist ein Ort, an dem ehemals drogensüchtige Menschen Kenntnisse für einen beruflichen Wiedereinstieg erwerben können. In der Kreativwerkstatt Präsent arbeiten Frauen, die viel mitgemacht haben. In der Werkstatt lernen sie handwerkliche und künstlerische Techniken, die sie dann bei der Herstellung von Schalen, Tischen, Tellern oder Schmuck in Mosaiktechnik praktisch umsetzen.

▶ **Die 1808 erbaute Domkirche St. Eberhard nebenan lohnt einen Besuch.**

Caritas-Manufaktur im Haus der Katholischen Kirche · Mo–Sa 10–18 Uhr
Königstraße 7 · 70173 Stuttgart · www.caritas-stuttgart.de
Haltestelle Schlossplatz U 5, 6, 7, 12, 15, Bus 42, 44

Handarbeit mit sozialem Hintergrund: die Produkte der Caritas-Manufaktur

05

Ab in die Kiste

Wer im Verein Jazzclub Kiste Mitglied werden möchte, muss, anders als sonst üblich, keinen Jahresbeitrag bezahlen. Stattdessen verpflichtet er oder sie sich, so heißt es im Aufnahmeantrag des Vereins, den traditionsreichen Jazzclub durch »spielen, hören, trinken und werben« zu unterstützen. Der Club, der zu den ältesten der Stadt gehört, hat, wie sein Name sagt, zwar kleine Ausmaße, doch das hält Musikgrößen aus ganz Europa nicht davon ab, hier zu spielen. So mancher Musikstudent hat hier seine ersten Konzerte gegeben – und ist später als bekannter Profimusiker in die Kiste zurückgekehrt. In dem 1976 als »Rogers Kiste« gegründeten Club wird viel Jazz serviert, aber auch Pop-, Rock- und Punkmusik sind zu hören und zwar an sechs Abenden in der Woche. Nur sonntags bleibt in der Kiste der Deckel zu.

Liveclub Kiste · Mo–Do 18–2 Uhr · Fr–Sa 18–3 Uhr · Hauptstätter Straße 35 · 70173 Stuttgart
Tel. 0711 16 03 49 70 · www.kiste-stuttgart.de · Haltestelle Rathaus U1, Bus 43, 44

In der Kiste spielen erfahrene Hasen und hoffnungsvolle Jungmusiker.

Was vom Torturm übrig blieb

Abgebaut, eingelagert und schließlich wieder aufgebaut: Das im Halbrund gemauerte Bauwerk aus rotem Sandstein an der Kreuzung der Torstraße mit der Hauptstätter Straße hat schon einiges hinter sich. Der Turm ist ein kläglicher Rest der einstigen Stadtbefestigung aus dem 16. Jahrhundert, der nun als Brunnen genutzt wird. Weil er bei den Bauarbeiten für die U-Bahn im Wege war, wurde der Turm, der sich bis zum Jahr 1968 in der Torstraße 7 befand, abgetragen, zwischengelagert und 1989 an seinem jetzigen Standort neu errichtet. Ein weiterer, besser erhaltener Turm der Stadtmauer ist der Schellenturm in der nicht weit entfernten Weberstraße. Auch er war ein Teil der um 1565 im Auftrag von Herzog Christoph erbauten Stadtmauer und beherbergt heute ein Lokal.

Torturmbrunnen · Tor-/Hauptstätterstraße · 70173 Stuttgart
Haltestelle Österreichischer Platz U1, Bus 44.

Neue Nutzung: Der Stadtturm dient nun als Brunnen.

Ganz schön romantisch: die Uhlandshöhe im Abendlicht.
Die schöne Eva blickt vom Hügel ins Tal hinab.

Evas Entführung und Emils Schule

Nur ein Haufen Schrott war von der schönen Eva übrig geblieben. Die Bronze-Skulptur des Künstlers Bernd Stöcker wurde im Jahr 2012 von Metalldieben entführt und in Einzelteile zerlegt. Heute blickt eine Nachfolgerin von der Uhlandshöhe hinab ins Tal und auf die Gebäude der weltweit ersten Waldorfschule.

Eine Schule, die den Namen einer Zigarettenmarke trägt – das wäre heutzutage undenkbar, nicht aber Anfang des 20. Jahrhunderts. Der Beweis dafür ist die Waldorfschule. Mit einem Ausflugslokal, das Emil Molt, der sozial gesinnte Besitzer der Waldorf-Astoria-Zigarettenfabrik 1919 kaufte, hat alles angefangen. Dort richtete Molt eine Schule für die Kinder seiner Arbeiter ein. Er beauftragte Rudolf Steiner, den Begründer der Anthroposophie, ein pädagogisches Konzept zu entwickeln. Die Geburtsstunde der Waldorfpädagogik, in der Erstklässler in zwei Fremdsprachen unterrichtet wurden und sich kein Schüler vor dem Sitzenbleiben fürchten musste. Während des Nazi-Regimes wurde die Waldorfschule verboten. Heute besuchen wieder rund tausend Schüler die freie Waldorfschule, deren Häuser dank ihrer typischen Architektur leicht erkennbar sind. Rund um die Uhlandshöhe haben sich etliche anthroposophische Einrichtungen angesiedelt, etwa das Eurythmeum, in dem Eurythmiepädagogik studiert werden kann, oder das Seminar für angehende Waldorfpädagogen. Wer dem Schild »Zur Uhlandshöhe« folgt, gelangt zur Schwäbischen Sternwarte, die durch Brandstiftung schwer beschädigt worden ist. Gleich daneben hat das Deutsche Zentrum für Luft- und Raumfahrt (DLR) auf dem städtischen Wasserwerk aus dem Jahr 1893 eine Station aufgebaut, um mithilfe eines Spiegelteleskops Weltraumschrott zu beobachten. Nur ein Haufen Schrott ist auch von der ersten »Eva«-Skulptur des Künstlers Bernd Stöcker übrig geblieben: Im Jahr 2012 haben Diebe die Bronzefrau über den Fußgelenken abgesägt und mitgenommen. Als die entführte Eva in Polen entdeckt wurde, kam jede Hilfe zu spät – sie war in Einzelteile zersägt worden. Ihr Nachguss, Eva, die Zweite, ist gegen Entführungen gesichert worden.

Zur Uhlandshöhe · erreichbar über Haußmannstraße · 70188 Stuttgart
Haltestelle Heidehofstraße U15

Schnell-Imbiss – entschleunigt

Mal fix einen Döner essen? Der Plan geht selten auf, wenn man das Alaturka ansteuert. Dort ist Schlangestehen ganz normal. Die Kundschaft wartet geduldig – in freudiger Erwartung des besten Döners weit und breit. So ist das Alaturka in mehrfacher Hinsicht eher ein Slow-Food- als ein Schnell-Imbiss.

Wer schlau ist, bestellt telefonisch vor, lässt die Schlange der Hungrigen rechts liegen und holt sich sein Essen, fix und fertig verpackt, vorne an der Theke ab. Für alle anderen heißt es geduldig warten. Aber immerhin steht man mit Gleichgesinnten an. Und da jeder weiß, dass er für die Nahrungsbeschaffung im entschleunigten Schnell-Imbiss ein bisschen Zeit mitbringen muss, ist die Atmosphäre meist entspannt. Vertreter verschiedener Nationalitäten, Altersgruppen und Gesellschaftsschichten stehen einträchtig beisammen; sie alle vereint die Freude auf ein leckeres Mahl – Völkerverständigung à la Alaturka. Da wird dann mal mit dem Hintermann, mal mit der Vorderfrau geplaudert – mit Ausblick auf den Dönerspieß und auf appetitlich aussehendes Gemüse. Knackiger Brokkoli zum Beispiel, gegrillte Aubergine und frischer Rucola warten darauf, in eines der selbst gebackenen Fladenbrote verfrachtet zu werden, die Yüksel oder Eylem Dogan in regelmäßigen Abständen duftend aus dem Ofen ziehen. Im Alaturka gibt es neben dem klassischen Döner mit reichlich Fleisch eine gemischte Variante mit Gemüseanteil sowie ein vegetarisches Angebot, das ausschließlich mit Grillgemüse gefüllt ist. Wer sich für eine Version mit Fleisch entscheidet, kann sich darauf verlassen, dass das, was da am Spieß rotiert, von heimischen Erzeugern stammt. Das Fleisch schichtet Yüksel Dogan eigenhändig zum Spieß. Auch das Ambiente des Alaturka, das ehemals ein Gemüse- und Obstladen war, unterscheidet sich sehr von der weit verbreiteten Imbiss-Aufmachung mit Fliesen rundum. Mit seinem Steinfußboden, langen Holztischen, seinem bunt zusammen gewürfelten Mobiliar, alten Fotos an den Wänden und einem Transistorradio im Regal wirkt das Alaturka sehr gemütlich.

Alaturka · Mo–Fr 11–20 Uhr, Sa 11–19 Uhr · Olgastraße 109 · 70180 Stuttgart
Tel. 0711 640 89 45 · Haltestelle Falbenhennenstraße Bus 43

Im Alaturka kreist Fleisch von heimischen Erzeugern am Spieß.
Selbst Gemüsefans finden den passenden Döner.

Bei Berger gibt es den passenden Knopf für jedes Kleidungsstück.
Das Paradies für Profi- und Hobbyschneider

Das Knopfparadies

Von A wie Armblatt über K wie Knopf bis Z wie Zuschneideschere reicht das Sortiment des ältesten Schneiderfachgeschäfts der Stadt. Denn schließlich lautet das Motto der 1919 gegründeten Firma Berger in der Calwerstraße »Alles zum Nähen und Schneidern«.

Als er aus dem Ersten Weltkrieg heimkehrte, hat Alfred Berger einen Kurzwaren-Laden eröffnet – im selben Haus, in dem sein Vater Louis ein Tuchgeschäft betrieb. Einige Jahre ging das gut, doch irgendwann war der Platz knapp und der Haussegen bei den Bergers hing schief. Alfred zog aus der Rotebühlstraße in die Calwer Straße, in der sich schöne Gebäude aus der Barock-, Biedermeier- und Gründerzeit aneinanderreihen. Seitdem ist das Haus Nummer 37 Anlaufstelle für Profi- und Hobbyschneider und -schneiderinnen. Alfred Bergers Sohn Armin und dessen Sohn Andreas führen bis heute das Kurzwarengeschäft, in dem sie Futterstoffe und Reißverschlüsse, Nähgarne, Satinbänder und Knopflochseide verkaufen. Ein großer, alter Holzschrank sticht besonders ins Auge. Darin ist in unzähligen Schubladen das Knopfsortiment verstaut, in dem wohl jeder sein persönliches Wunschmodell findet. Rustikale Hirschhornknöpfe oder edle Varianten aus Jett-Glas und Perlmutt, Metall- und Kunststoffknöpfe in allen Farbschattierungen, Knöpfe aus Glitzersteinen, aus Büffelhorn oder der Steinnuss, dem Samen der Steinnusspalme, der Elfenbein täuschend ähnlich sieht. Manche Stücke sind auf Hochglanz poliert oder lackiert, andere gefärbt oder gelasert. Ehrensache, dass die Bergers über die Geschichte des Knopfes bestens Bescheid wissen und viel erzählen können über die Zeit, als Knöpfe noch als Statussymbol galten, das nicht unbedingt ein Loch als Gegenstück brauchte. Je mehr Knöpfe ein Mensch an seiner Kleidung trug, desto einflussreicher war er – der Knopf als Schmuck für Könige und ihresgleichen. Diese Zeiten sind zum Glück vorbei. Inzwischen kann sich jeder Knöpfe leisten. Die Preisspanne im Bergerschen Laden reicht von einigen wenigen Cent pro Knopf bis zu Stückpreisen von knapp unter 20 Euro.

Firma Berger · Mo–Fr 9–18.30 Uhr, Sa 9–13 Uhr · Calwer Straße 37 · 70173 Stuttgart
Tel. 0711 29 03 98 · www.kurzwaren-berger.de
Haltestelle Stadtmitte S1, 2, 3, 4, 5, 6, U2, 4, 14, Bus 43

10

Der gemopste Mops

Mit einer Steinsäule wollte die Stadt dem Humoristen Vicco von Bülow, alias Loriot, an seinem früheren Wohnort beim Eugensplatz ein Denkmal setzen. Die leere Säule fanden viele Stuttgarter ziemlich fade. Was folgte, war ein Katz-und-Maus-Spiel um einen Hund.

Selbstbewusst reckt die kleine Mopsdame ihre platte Nase in die Luft. Von der Säule aus kann sie den ganzen Eugensplatz überblicken und von dort oben holt sie so schnell keiner mehr herunter: Die vier Beinchen der sechs Kilo schweren Bronzefigur sind allesamt fest im Stein verankert, um eine Hundeentführung wie die, welche Ende des Jahres 2013 die Stuttgarter in Aufregung versetzte, zu verhindern. Damals hatte die Stadt anlässlich des 90. Geburtstags des Humoristen Vicco von Bülow eine Steinsäule an dessen früherem Wohnort aufgestellt. Kaum stand das schlichte Denkmal an Ort und Stelle, hatten tatkräftige Stuttgarter es schon aufgepeppt. In einer Nacht-und-Nebel-Aktion legten sie eine Leiter ans steinerne Denkmal an und stellten, ganz im Sinne des leidenschaftlichen Mops-Fans Loriot, ein mit Goldspray lackiertes Abbild seines Lieblingshundes oben auf die leere Säule. Der Mops allerdings gab nur ein kurzes Gastspiel – und war wenig später spurlos verschwunden. Das in Sachen Mops-Napping in Verdacht geratene städtische Ordnungsamt wies alle Schuld von sich, ja, es signalisierte sogar Verständnis für die Platzierung, frei nach Loriots Motto: »Eine Säule ohne Mops ist möglich, aber sinnlos.« Doch der Hund blieb trotz Aufrufen in den lokalen Zeitungen wie vom Erdboden verschluckt; eine Lösegeldforderung hat es nie gegeben. Geld ist aber dennoch geflossen: Mehr als 5000 Euro spendeten Bürger für die in ihren Augen höchst sinnvolle Anschaffung einer neuen Mopsfigur. Der Schöpfer der Steinsäule, Uli Gsell, hat daraufhin die Mopsdame erschaffen, die nun über dem Eugensplatz thront und wie alle anderen den herrlichen Ausblick auf die Innenstadt von dort genießt.

▶ **Die schöne Aussicht** lässt sich mit einem Eis vom Café Pinguin am Eugensplatz zusätzlich versüßen.

Loriot-Denkmal · Eugensplatz · 70184 Stuttgart · Haltestelle Eugensplatz U15, Bus 42

VICCO
VON BÜLOW
GENANNT
LORIOT

12. NOVEMBER 1923
BRANDENBURG
AN DER HAVEL

22. AUGUST 2011
AMMERLAND

› EIN KOMIKER
VON GOTTES GNADEN ‹

LORIOT EST MORT
VIVE LORIOT

Loriot hätte seine Freude an der Mopsdame.

Die Eugenstaffel gehört zu den schönsten Treppen der Stadt.

Stäffele schlägt Stepper

Es soll Menschen geben, die gebührenpflichtige Kurse belegen, um gewisse Körperpartien zu straffen. Doch wer in Stuttgart wohnt, braucht kein Fitnessstudio. Die vielen Treppen, die aus dem Kessel die Hänge hinaufführen, so etwa die Eugenstaffel in Stuttgart-Mitte, bringen den Puls auf Touren und trainieren die Muskeln.

Sie sind schnurgerade oder kurvenreich, steil oder sehr steil – und sie sind überall in der Stadt zu finden: Stuttgart ist die Stadt der Treppen und Treppchen, auf gut Schwäbisch: Stäffele. Mehr als 400 gibt es im Stadtgebiet, im 19. Jahrhundert waren es noch deutlich mehr. Viele stammen aus einer Zeit, als die Hänge rund um den Kessel als Weinberge genutzt wurden. Über die Treppchen konnten die Weingärtner ihre teilweise extrem steilen Grundstücke erreichen und bewirtschaften. Heute dienen die Treppen als praktische Querverbindungen zwischen den Straßen. Sie treiben ihren Nutzern zwar oft den Schweiß auf die Stirn, ersparen ihnen aber längere Wege und bescheren oft herrliche Ausblicke auf die Stadt. Für die Taubenstaffel in Heslach etwa braucht es schon ordentlich Puste – sie gilt mit rund 260 Metern als eine der längsten ihrer Art und gehört zu den Promis in der Stuttgarter Treppenszene. Die Eugenstaffel ist eine der schönsten Treppen der Stadt. Über ihre Stufen gelangt man vom Gerichtsviertel hinauf zum Eugensplatz mit dem Galatea-Brunnen. Das kühle Nass des im Jahr 1890 von Otto Rieth entworfenen Brunnens fließt aus dem Maul eines Löwenkopfes und plätschert danach über eine Wassertreppe talwärts. Dass in Stuttgart jedes Stäffele einen Namen samt Schild hat, versteht sich von selbst. Die Namen der Treppen erinnern an ehemalige Stadtoberhäupter, an Schauspieler, wie zum Beispiel die Willy-Reichert-Staffel, oder auch an Widerstandkämpfer wie die im KZ Dachau ermordete Else Himmelheber. Würde man sämtliche Treppen Stuttgarts abgehen, kämen rund 20 Kilometer Strecke zusammen. Es gibt Bücher, die sich ausschließlich den Stäffele widmen, und geführte Spaziergänge über die schönsten und interessantesten Exemplare – Treppensteigen statt Fitnessstudio.

Eugenstaffel · Eugensplatz · 70184 Stuttgart · Haltestelle Eugensplatz U15, Bus 42

12 Schnitzeljagd im Amtssitz des Oberbürgermeisters

Rathäuser gelten im Allgemeinen nicht als spannende Orte, schon gar nicht für Kinder. In Stuttgart ist das anders: Dort darf der Nachwuchs das Gebäude im Rahmen einer Entdeckertour mit elf Stationen selbstständig erkunden und sich zum Rathausexperten weiterbilden. Am Schluss winkt eine Belohnung.

Die Tour führt von der Infotheke im Erdgeschoss bis hinauf ins vierte Stockwerk des 1956 fertiggestellten Rathauses am Marktplatz. An elf Stationen erfahren Kinder allerlei Wissenswertes über das Haus und die Stadt Stuttgart. Wer die Quizfragen beantwortet, wird am Ende der Tour mit einer Überraschung belohnt. Das Rathaus, das unter anderem einen 60 Meter hohen Turm mit einem Glockenspiel zu bieten hat, galt zu seiner Entstehungszeit als eines der modernsten Gebäude in Europa. Es ist der Nachfolger eines an der gleichen Stelle im Jahr 1905 eingeweihten Gebäudes, das im Zweiten Weltkrieg von Bomben schwer beschädigt wurde. Zu entdecken gibt es im Rathaus nicht nur den großen Sitzungssaal, in dem der Gemeinderat tagt, sondern auch ein Architekturmodell der Stadt und mehrere Kunstwerke, zum Beispiel Willi Baumeisters Bild »Große Komposition« oder die riesigen Schattenfiguren des Künstlers Walter Wörn. Ein Höhepunkt der Tour ist die Fahrt mit dem historischen Aufzug ohne Türen. Der Paternoster, dessen Kabinen Nonstop rotieren, durfte aufgrund einer geänderten Sicherheitsverordnung im Jahr 2015 für einige Zeit nicht mehr von Besuchern benutzt werden. Das hat viel Aufregung verursacht – inzwischen ist das Verbot aber aufgehoben worden, und so darf nun wieder jeder seine Runden darin drehen. Der historische Aufzug bringt Rathausbesucher auch in den vierten Stock, wo ihnen beim Blick durch ein Panoramafenster der Marktplatz zu Füßen liegt. Junge Besucher, die mehr über das Rathaus erfahren möchten, können an einer der Kinderführungen teilnehmen, die zwei Mal im Monat stattfinden. Dabei dürfen sie die 151 Stufen des Rathausturms hinaufsteigen und die 30 Glocken begutachten, die fünf Mal pro Tag eine Melodie spielen.

Rathaus Stuttgart · Mo–Fr 8–18 Uhr · Marktplatz 1 · 70173 Stuttgart · Tel. 0711 21 69 11 58
www.stuttgart.de · Haltestelle Rotebühlplatz U1, 14, S-Bahn S1, 2, 3, 4, 5, 6, Bus 43, 92

Paternoster-Fahren ist ein Höhepunkt bei Rathausbesuchen.

Ein ganz besonderes Kriechtier in der Urbanstraße

Kunst auf Schritt und Tritt

Kunst braucht kein Museum: Wer mit offenen Augen in Stuttgart unterwegs ist, begegnet ihr auf Schritt und Tritt. Sie ist an Hauswände und Mauern gepinselt, gesprüht oder geklebt, mit Schablonen oder freihändig aufgebracht und bringt zum Schmunzeln oder auch zum Nachdenken.

Fuchs, du hast die Gans gestohlen – aber die Rechnung ohne den Hasen gemacht: Es geht hoch her in der Szene, die ein Sprayer auf der Backsteinwand in der Urbanstraße verewigt hat. Ein Hase bringt einen Fuchs ins Schwitzen, und bei der wilden Verfolgungsjagd fliegen die Backsteine so realitätsnah durch die Luft, dass Betrachter das Gefühl haben, in Deckung gehen zu müssen. Gleich nebenan kriecht eine gewaltige Schnecke ihrer Wege, auf ihrem Schneckenhaus wuchern Pilze. Nur ein Beispiel von vielen für Street Art in Stuttgart. Wer sich lieber Kunst im Museum anschaut, muss nicht weit gehen: Die Staatsgalerie liegt nur wenige hundert Meter von der Urbanstraße entfernt in der Konrad-Adenauer-Straße, ihr Bestand umfasst Gemälde, Zeichnungen, Fotografien, Grafiken und Skulpturen, die in der Zeit vom 14. bis zum 21. Jahrhundert erschaffen worden sind – von Künstlern wie Lucas Cranach, Caspar David Friedrich, Pablo Picasso oder Joseph Beuys. Allein die Grafische Sammlung umfasst rund 400 000 Blätter, hinzu kommen rund 5000 Gemälde und Plastiken, von denen nur ein Bruchteil gezeigt werden kann. Die Mitte der 1980er-Jahre eingeweihte Neue Staatsgalerie ist auch von außen einen zweiten Blick wert: Sie geht auf einen Entwurf des Briten James Stirling zurück, der den Kunsttempel im Stil der postmodernen Architektur entworfen hat. Den für Stuttgart typischen gelben Travertinstein hat Stirling mit knallbunten Fensterrahmen, Handläufen und Stahlträgern kombiniert. Das Kunstmuseum am Schlossplatz ist erst 2005 eröffnet worden. Im Steinkubus mit Glashülle präsentiert die Stadt Stücke aus ihrer rund 15 000 Werke umfassenden Sammlung, zu der Arbeiten von Otto Dix, Willi Baumeister oder Dieter Roth gehören. Pro Jahr gibt es zwei bis drei Sonderausstellungen zu sehen.

Graffiti-Wand gegenüber Urbanstraße 66 · 70182 Stuttgart
Haltestelle Staatsgalerie U1, 2, 9, 14

Ein Turm voller Töne

Lust auf Liebeslieder von Brahms, Schuberts Winterreise, Orgel-musik aus Bachs Feder – oder einige Takte zeitgenössische Musik? Dann ist der Turm der Hochschule für Musik und Darstellende Kunst die richtige Anlaufstelle. Hier darf jeder bei Konzerten der Studierenden Mäuschen spielen, oft ist der Eintritt frei.

Im mächtigen Sockel des 50 Meter hohen Turms der Hochschule haben die britischen Architekten James Stirling und Michael Wilford einen Konzertsaal untergebracht, in dem bis zu 500 Zuhörer Platz finden. Dort und in einem kleineren Kammermusiksaal sowie dem Orchesterprobenraum zeigen die Studenten der unterschiedlichen Studiengänge und Musikklassen ihr Können. Rund 350 Konzerte gehen in der Hochschule pro Jahr über die Bühne, bei vielen ist der Hörgenuss gratis oder äußerst günstig zu haben. Da kann man es schon mal wagen, sich auf neue Klangerlebnisse einzulassen. Karten im Vorverkauf sind direkt in der Hochschule erhältlich. Das Programm findet man auf der Internetseite – oder man geht einfach vorbei und lässt sich überraschen. Auch die Studenten anderer Bereiche der Hochschule, von der Schauspielschule über die Opernschule bis zum Studiengang Figurentheater, geben regelmäßig Kostproben ihrer Arbeit im Wilhelma-Theater, das als Lehr- und Lerntheater genutzt wird. Zu den Absolventen der Hochschule gehören der Dirigent Karl Münchinger, der Komponist Helmut Lachenmann und Schauspieler wie Ulrich Tukur. Dass die Stuttgarter Hochschule für Musik und Darstellende Kunst zu den ältesten im Land gehört – gegründet worden ist sie im Jahr 1857 als Stuttgarter Musikschule – sieht man ihr wahrlich nicht an. James Stirling hat sie wie die benachbarte Staatsgalerie im Stil der Postmodernen Architektur gestaltet, ihre Vollendung allerdings nicht mehr erlebt. Von der Dachterrasse eröffnen als Bullaugen gestaltete und rechteckige, bis zum Boden reichende Durchbrüche schöne Ausblicke auf die Innenstadt. Allerdings muss man das letzte Stück zu Fuß gehen – der Aufzug fährt nur bis zur elften Etage.

Staatliche Hochschule für Musik und Darstellende Kunst · Kartenverkauf Mo–Fr 16–19 Uhr
Urbanstraße 25 · 70182 Stuttgart · Tel. 0711 212 46 21 · www. mh-stuttgart.de
Haltestelle Charlottenplatz U1, 2, 4, 5, 6, 7, 15

Die Studenten der Hochschule spielen oft kostenlos zum Konzert auf.

Hasenglück im Schlossgarten

Meister Lampe, Papageien und ein Löwe

Feldhasen, Gelbkopfamazonen und ein Löwe leben mitten in Stuttgart frei und friedlich zusammen – im Schlossgarten und im Rosensteinpark. Die grüne Lunge ist nicht nur ein Ort, an dem die Stuttgarter durchschnaufen, picknicken und Federball spielen, sondern auch ein Lebensraum für Exoten. Ein Ausflug lohnt sich.

Lepus europaeus, der Feldhase, steht auf der Roten Liste der gefährdeten Arten. Ausgerechnet mitten in Stuttgart stehen die Chancen, einen Vertreter dieser Art zu treffen, überproportional gut. Hier wurde vor einigen Jahren die höchste Feldhasendichte Baden-Württembergs ermittelt – fast 150 Tiere pro Hektar. Tatsächlich hoppelt Meister Lampe am hell-lichten Tag durch den Unteren Schlossgarten, flitzt am Neuen Schloss vorbei, umkreist den Landtag – all das nur wenige hundert Meter entfernt von der Stadtautobahn auf der einen und der Einkaufs-meile auf der anderen Seite. Einen Wermutstrop-fen gibt es: In jüngster Zeit ist die Zahl der hoppelnden Bewohner laut Zählungen drastisch zurückgegangen. Der Verdacht liegt nahe, dass die Bauarbeiten für Stuttgart 21, die Teile des Parks sehr in Mitleidenschaft gezogen haben, eine Rolle spielen. Weitere exotische Bewohner sind im Schlossgarten seit Mitte der 1980er-Jahre unter lautem Krächzen unterwegs: ein Schwarm von bis zu 50 Gelbkopfamazonen. Die taubengroßen Papageien aus Südamerika fühlen sich im Stuttgarter Großstadtdschungel daheim. Das hat wohl damit zu tun, dass sie nicht wählerisch in Ernährungsfragen sind. Forscher der Uni Hohenheim und des Naturkundemuseums haben herausgefunden, dass die Vögel 64 Pflanzenarten vertilgen. Sie knabbern heimische und exotische Blüten- und Blattknospen, Samen und Früchte. Selbst bittere und giftige Pflanzenteile verschmähen sie nicht. Und wo bleibt da der Löwe? Er liegt, in Stein gemeißelt, friedlich schlafend beim Spielplatz im Unteren Schlossgarten – inmitten von spielenden Kindern.

▶ **Das Spielhaus im Unteren Schlossgarten bietet ein Programm für Kinder zwischen sechs und 13 Jahren. www.spielhaus-stuttgart.de**

Unterer Schlossgarten · 70190 Stuttgart · Haltestelle Stöckach U1, 2, 4, 9, 14

Nichts für schwache Nerven

Alle, die schon immer mal die Welt retten oder einen geheimnisvollen Mordfall aufklären wollten, sind bei Exit Games an der richtigen Adresse. Das Unternehmen hat im Stadtgebiet fünf Spielräume eingerichtet, in denen Hobbykommissare und Knobelfreudige rätselhafte Fälle lösen können.

Eine Stunde und keine Minute mehr haben Spielerinnen und Spieler Zeit für ihre Mission: Sei es, um das Geheimnis des merkwürdigen Michael von Grafenstein und fünf verschwundener Menschen aufzuklären, sei es um einem kriminellen Schlüsselmacher auf die Schliche zu kommen, ein Antivirus gegen eine tödliche Krankheit zu finden oder die versteckten Millionen von Großtante Muriel. Real-Life-Adventures sind die Spezialität von Exit Games, eines Start-up-Unternehmens, dessen Ursprung ein Verein war. Mittlerweile hat die Firma mehrere Räume in der Stadt angemietet und mit viel Aufwand so eingerichtet, dass sich die Spielerschaft ganz in das Szenario der unterschiedlichen Fälle hineinversetzen kann. In der Geschichte »Blutrausch« zum Beispiel ermitteln die Kriminalkommissare auf Zeit in der komplett eingerichteten Wohnung des ominösen Michael von Grafenstein, die manche Überraschung bietet – wenn man sie denn findet. Versteckte Geheimfächer müssen entdeckt, Zahlenschlösser geknackt, Hinweise erkannt und Schlüsse daraus gezogen werden. Gefragt sind Intelligenz, Kombinationsgabe und Geschicklichkeit, kurz: Köpfchen. Schritt für Schritt tasten sich die Teams aus zwei bis sechs Personen an die Lösung der Fälle heran. Wenn sie in einer Sackgasse landen, hilft der Spielleiter, der das Geschehen von außerhalb des Raums begleitet, mit Tipps weiter. Die Geschichten haben Gamedesigner mitentwickelt; manche Spiele sind für Teilnehmer ab 14 Jahren, andere ab 16 oder 18 Jahren gedacht. Aber auch Familien mit jüngeren Kindern werden fündig: Sie können sich bei einer interaktiven Schatzsuche von einem Navigationsgerät durch die Stadt lotsen lassen, einen Kobold treffen, Rätsel lösen und ein magisches Portal öffnen, um – na klar – die Welt zu retten.

Exit Games · Rotebühlstraße 87 E · 70178 Stuttgart · mehrere Spielorte in der Stadt
Termine nach Vereinbarung · Tel. 0711 18 42 42 40 · www.exitgames-stuttgart.de

Vielsagende Deko im Wohnzimmer eines mutmaßlichen Mörders

Zeitlose Themen sind die Spezialität des teatro piccolo.

Was Mensch bewegt

Seinen Namen trägt das teatro piccolo völlig zu Recht. Mit seinen knapp 80 Plätzen im Saal gehört es zu den kleinen Bühnen in der Stadt. Dennoch geht von ihm eine große Gefahr aus: nämlich die, sich mit dem Theatervirus zu infizieren. Das gilt für die Zuschauer wie die Spielenden.

Manch einer, der im teatro piccolo erste Bühnenerfahrung gesammelt hat, ist später im Leben Berufsschauspieler geworden. Und fast jeder, der einmal den Weg ins Theater gefunden hat, kommt wieder, sagt dessen Künstlerischer Leiter Martin Seeger. Er selbst ist eigentlich Diakon, hat als Jugendreferent gearbeitet und nach einer Weiterbildung zum Theaterpädagogen und erfolgreichen Projekten in diesem Bereich das Theater gegründet. Seinen Sitz hat es im Haus 44, der Geschäftsstelle der Evangelischen Jugend Stuttgart, weshalb es von manchen, die noch nie eine Vorstellung besucht haben, etwas misstrauisch beäugt wird – als christlich angehauchtes Amateurtheater. Zu Unrecht. Rund 25 Vorstellungen im Jahr stellt Martin Seeger mit seinem Ensemble, das aus einem festen Stamm von gut 20 Aktiven besteht, auf die Beine. Gespielt werden im teatro piccolo fast ausschließlich Eigenproduktionen, die Stücke schreibt Martin Seeger selbst. Auf die Bühne des teatro piccolo kommen zeitlose Themen wie Tod, Geburt oder Leben. »Wir machen kein Aktualitätentheater«, sagt Martin Seeger, der mit seiner Theatertruppe beispielsweise auch schon den Stuttgarter Waldfriedhof bespielt hat. Was Menschen seit jeher beschäftigt, das verarbeitet und beleuchtet er in seinen Stücken. Ein besonderes Markenzeichen des teatro piccolo ist die große Nähe zu anderen Kunstsparten, wie etwa dem Tanz und der Bildenden Kunst, und die Vorliebe für Visuelles. So hat sich das mit diversen Preisen ausgezeichnete teatro piccolo in seinen Stücken schon mit Künstlern wie Vincent van Gogh, Pablo Picasso oder Michelangelo beschäftigt. Auch Musik und Choreografien spielen im teatro piccolo eine wichtige Rolle – textlastige Monologe hingegen nicht.

teatro piccolo · Fritz-Elsas-Straße 44 · 70174 Stuttgart · Tel. 0711 187 71 22
www.teatro-piccolo.de · Haltestelle Stadtmitte S1, 2, 3, 4, 5, 6 und Haltestelle Berliner
Platz/Liederhalle U2, 9, 14, Bus 41, 43

Kerzen in allen Variationen sind eine Spezialität von Seifen Lenz.

Weihrauch, Myrrenharz und Riesenkerzen

In der warmen, sonnigen Jahreszeit bleiben die Jalousien an der Schaufensterscheibe zur Sicherheit unten. Denn dann herrscht akute Schmelzgefahr für die vielen Kerzen in der traditionsreichen Drogerie Seifen Lenz – eines der letzten Geschäfte seiner Art.

Meterhohe, bis zu 20 Kilo schwere Kerzen mit einer Brenndauer von rund tausend Stunden hat Heinz Rittberger ebenso im Angebot wie Cremes und Waschmittel, arabischen Weihrauch und Myrrhenharz, Badelatschen, Wärmflaschen oder edle Seifen aus Frankreich. Das Gründungsdatum des Betriebs, den er seit dem Jahr 1969 führt, weiß Heinz Rittberger aus dem Effeff: Am 3. Juli 1785 ist Johann Friederich Lenz ins Zunftbuch der Seifensieder eingetragen worden. Die Urkunde hält Rittberger ebenso in Ehren wie einige andere Gegenstände in seinem Laden, die nicht zum Verkauf, sondern nur zum Anschauen gedacht sind. Heinz Rittberger kann zu jedem eine Geschichte erzählen. Der Lohengrin-Helm mit einem blechernen Schwan obenauf ist beispielsweise ein Erbstück aus dem Kostümverleih der Urgroßmutter, der gewaltige Brocken Kernseife der letzte Rest aus der Produktion des Seifenobersieders und früheren Geschäftsinhabers Emil Häcker. Für das ganz besondere Stück Kernseife hat Heinz Rittberger eigens ein Gestell anfertigen lassen und einen Ehrenplatz im Regal dafür reserviert. Das Seifenstück stammt aus dem Jahr 1956, im darauf folgenden Jahr hat der gelernte Drogist Rittberger bei Seifen Lenz angeheuert. Geboren ist der Stuttgarter im Jahr 1937 gleich um die Ecke, in der Rosenstraße. Der Leonhardsvorstadt, die heute als Bohnenviertel bekannt ist, ist er treu geblieben. Seine Kunden wissen es zu schätzen, dass Heinz Rittberger ihnen Teelichter verkauft, die anders als die weit verbreitete Billigware weder unangenehm nach Petroleum müffeln noch auf halber Strecke schlapp machen. Die bunte Auswahl an liturgisch verzierten Kerzen mit Friedenstauben, Kreuzen oder Mariendarstellungen für Taufen, Trauerfeiern oder den Ostertisch stammt durchweg aus deutscher Produktion.

Seifen Lenz · Mo–Fr 9.30–13.15 und 14.15–19 Uhr · Esslinger Straße 24 · 70182 Stuttgart
Tel. 0711 236 47 35 · Haltestelle Charlottenplatz U1, 2, 4, 5, 6, 7, 12, 15, Bus 43

Irgendwann findet die riesige Plüschgiraffe einen Käufer.

Die Fundgrube für Sammler

Der Name ist Programm: Jörg Trüdingers Laden Such & Find im Heusteigviertel ist ein Paradies für passionierte Jäger und Sammler. Zu kaufen gibt es dort alles, was man sammeln kann – vom Modellauto im Hosentaschenformat bis zur 2,50 Meter großen Plüschgiraffe mit Knopf im Ohr.

Ein Verkaufsraum mit Langspielplatten und Singles, Comics, Eisenbahnzubehör und Stofftieren, nebenan ein Zimmer mit Modellautos und Büchern über Rennsport und Heimatkunde: Kunden, die den Laden Such & Find in der Mozartstraße zum ersten Mal betreten, halten ihn womöglich für überschaubar. Falsch gedacht, denn wer sich am Verkaufstresen vorbeidrückt, stößt auf ein Höhlensystem, in dem schlauchartige Gänge Zimmer um Zimmer verbinden. Fast fühlt man sich in diesem fensterlosen Labyrinth wie im Inneren einer Kuh mit ihren vielen Mägen. Den Anblick der üppig gefüllten Räume müssen Sammler erstmal verdauen – rund 100 000 Artikel hat Jörg Trüdinger im Laden verstaut. Allein 40 000 Comic-Hefte lagern feinsäuberlich in Bananenkartons geschichtet, ob Tarzan, Micky Maus oder Asterix. Wer sucht, findet Filmprogramme aus den 1940er-Jahren, Romanhefte mit Wildwesthelden wie Tom Prox oder Gesellschaftsspiele aus längst vergangenen Zeiten. In bis zum Rand gefüllten Schubladen liegen Miniautos aus west- und ostdeutscher Produktion, warten Wikinger, Indianer und Ritter auf Käufer und Eisenbahnschienen auf ihre Liebhaber. Einen Computer braucht Jörg Trüdinger nicht, er arbeitet mit Papierlisten und weiß, wo er suchen muss. Als Elfjähriger hat er sich zum ersten Mal auf einem Flohmarkt herumgetrieben – ein Ausflug mit Folgen. Seit mehr als 30 Jahren baut er auf dem Karlsplatz immer samstags seinen Verkaufsstand auf. Der Laden kam rund zehn Jahre später hinzu und ist ein Ort, an dem auch sperrige Objekte einen Platz finden, etwa die 2,50 Meter große Plüschgiraffe, die Trüdinger von einem privaten Anbieter erstanden hat. Rund 2000 Euro kostet sie, doch selbst für den, der nur zwei Euro in der Tasche hat, findet sich ein Sammlerstück.

Such & Find · Mo–Fr 9–18 Uhr · Sa 10–14 Uhr · Mozartstraße 38 · 70180 Stuttgart
Tel. 0711 607 10 11 · www.suchundfind.de · Haltestelle Österreichischer Platz U1, 14

Literatur rund um die Uhr

Schlaflose Nächte verlieren ihren Schrecken, wenn ein gutes Buch auf dem Nachttisch parat liegt. Doch nicht immer ist eines greifbar und selbst der Bahnhofskiosk schließt am späten Abend. Ein Glück, dass es nur wenige hundert Meter entfernt einen 24-Stunden-Literaturservice gibt.

Die Bibliothek für Schlaflose können Besucher der Stadtbibliothek natürlich auch am helllichten Tag nutzen, doch gegen Mitternacht oder morgens um drei Uhr, kurz: zu Zeiten, an denen der Literaturhunger am schwersten zu stillen ist, erweist sich diese Einrichtung als ganz besonders wertvoll. Am Osteingang des im Herbst 2011 eröffneten Büchereigebäudes beim Mailänder Platz gibt es Literatur rund um die Uhr, aber auch DVDs mit Actionfilmen oder Literaturklassikern und Hörbücher warten hinter Glasfenstern auf ihre Ausleihe. An einem Bildschirm können Besucher mit gültigem Bibliotheksausweis die gewünschten Medien auswählen und sie dann aus ihrem Fach ziehen. Krimis liegen parat, Agatha Christies »Mord im Orientexpress« beispielsweise, Arthur Conan Doyles »Hund von Baskerville« oder Patrick Süskinds »Das Parfüm«. Wem der Sinn eher nach Entspannung als nach Spannung steht, der leiht sich Literatur von Alan Bennett oder Tolkiens Schmöker »Das Silmarillion« aus, holt sich bei der Lektüre von »Der große Erziehungscheck« Rat von Fachmann Jan-Uwe Rogge. Wer lieber lesen lässt, zieht ein Hörbuch. Ein Besuch der Stadtbibliothek lohnt sich aber auf jeden Fall – auch zu den offiziellen Öffnungszeiten. Das quaderförmige Gebäude, das der südkoreanische Architekt Eun Young Yi entworfen hat, wirkt zwar von außen etwas abweisend, was ihm im Volksmund den Namen »Bücherknast« oder »Stammheim 2« eingebracht hat. Im Inneren des 40 Meter hohen Baus mit Doppelfassade aber erwartet Besucher ein wahrer Schatz an Wissen, Unterhaltung und Kunst in einer Graphotek mit 2500 Originalwerken. Fast eine halbe Million Medieneinheiten stehen zur Ausleihe bereit, sie bringen die Farbe in den konsequent in Weiß gestalteten Bau.

Stadtbibliothek · Mo–Sa 9–21 Uhr · Mailänder Platz 1 · 70173 Stuttgart · Tel. 0711 21 69 11 00
www.stuttgart.de · Haltestelle Stadtbibliothek U5, 6, 7, 12, 15, Bus 44

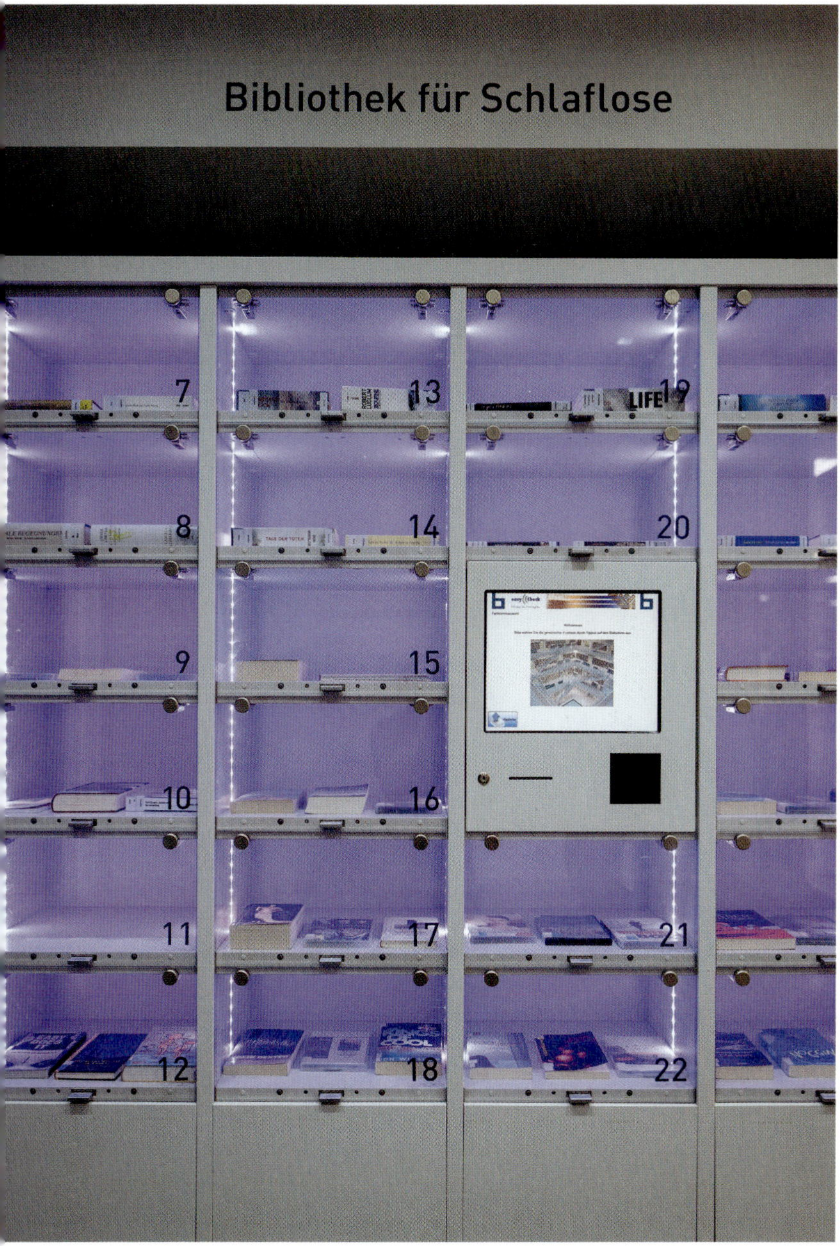

Hier finden Lesehungrige rund um die Uhr Nachschub.

Herren der Unterwelt: zwei Mitarbeiter der Stadtentwässerung

Ab in den Untergrund

Das Szenario erinnert ein bisschen an den berühmten Filmklassiker »Der dritte Mann«. Doch keine Angst: Wenn die Mitarbeiter der Stadtentwässerung Besucher in die düsteren Gänge der Stuttgarter Kanalisation hinabführen, kommen alle wieder heil nach oben.

Sicherheitshelm auf den Kopf und aus Hygienegründen Einmalhandschuhe über die Finger – dann kann es losgehen. Ungefähr 40 teils glitschige Stufen führen hinab in den Untergrund, zum Hauptsammler Nesenbach, einem Abwasserkanal mit rund sieben Metern Breite. Der liegt gleich neben dem Infozentrum der Stadtentwässerung Stuttgart, an der U-Bahnstation Neckartor, und kann immer am ersten Mittwoch des Monats ohne Anmeldung besichtigt werden. Insgesamt 13 dieser großen Bauwerke sammeln im unterirdischen Netzsystem der Stadt das Regenwasser und all das, was durch die Abflussrohre der Stuttgarter Haushalte in die Kanalisation fließt. Bei starken Niederschlägen schwillt der trübe Fluss, der einen leicht strengen Geruch verbreitet, in kurzer Zeit so stark an, dass das Wasser die mehrere Meter hohe Röhre plötzlich zu drei Vierteln füllt. Daher haben die Mitarbeiter der Stadtentwässerung stets ein Handy parat, das Alarm schlägt, wenn es irgendwo im Stadtgebiet zu regnen beginnt. In solchen Fällen heißt es: alle raus! Bis zu 100 Kubikmeter Wasser pro Sekunde rauschen durch den Hauptsammler, der Teil eines gut 1700 Kilometer langen Abwassernetzes ist. Das erste planmäßige Entwässerungssystem für Stuttgart hat der englische Ingenieur J. Gordon 1874 im Auftrag des Stuttgarter Gemeinderats entworfen. Manche Kanäle des verzweigten Kanalsystems sind daher mehr als 100 Jahre alt. Wer mehr von dem Labyrinth unter der Erdoberfläche entdecken will, kann nach vorheriger Anmeldung an einer der großen Kanalführungen teilnehmen, die die Stadtentwässerung mehrmals im Jahr für Interessierte, die mit Schutzanzug, Gummistiefeln und Lampe ausgestattet werden, anbietet. Dabei lernen Unerschrockene den Stuttgarter Schlossgarten mal aus einer anderen Perspektive kennen – von unten nämlich und teilweise in gebückter Haltung.

SES-Infozentrum · erster Mittwoch im Monat 15–17 Uhr · Am Neckartor 1 · 70190 Stuttgart
Tel. 0711 21 68 0119 · www.stuttgart-stadtentwaesserung.de
Haltestelle Neckartor U1, 2, 4, 9, 14

22 Sargschmuggel im Kartoffeltransporter

Die meisten Passanten gehen achtlos an dem unscheinbaren, etwa kniehohen Stein mit Inschrift in der Grünanlage beim Bopser vorbei. Er erinnert an einen tragischen Todesfall, der sich hier unmittelbar vor Ende des Zweiten Weltkriegs ereignet hat.

Emil Waidelich, ein 37 Jahre alter Soldat, hat das Kriegsende nicht mehr erleben dürfen: Am 21. April 1945, nur zwei Stunden vor der Übergabe der Stadt Stuttgart an die Alliierten, ist er von einer französischen Panzergranate getroffen und tödlich verwundet worden. Den Stein, der an Waidelichs tragisches Schicksal erinnert, haben Anwohner für den gefallenen Soldaten setzen lassen. Trotzdem wären von Emil Waidelich wohl nur Name und Todeszeitpunkt bekannt, hätten sich nicht zwei Hobbyhistoriker die Mühe gemacht, mehr über den gefallenen Soldaten herauszufinden. Horst Löffler und Günter Merkl haben recherchiert, dass Anwohner den toten Emil Waidelich zunächst auf dem an die Etzelstraße grenzenden Gelände beerdigt haben, das heute eine Grünanlage ist. Doch dessen Frau wollte den Leichnam im Heimatort Eislingen zur letzten Ruhe betten. Ein schwieriges Unterfangen, denn das rund 50 Kilometer von Stuttgart entfernte Eislingen lag unmittelbar nach Kriegsende im amerikanischen Einflussbereich, in Stuttgart hingegen hatten damals noch die Franzosen das Sagen. Von einer Besatzungszone in die andere zu reisen oder Dinge von hier nach dort zu schaffen, war nicht so einfach möglich oder sogar untersagt. Kartoffeln aber durften von A nach B gebracht werden – und so reiste schließlich ein leerer, sorgfältig unter Säcken versteckter Sarg aus Eislingen nach Stuttgart. Dort wurde Emil Waidelichs Leichnam exhumiert, in den Sarg gebettet, nach Eislingen geschafft und auf dem dortigen Friedhof beerdigt. Einige Monate später sorgten Anwohner für den Gedenkstein, den allerdings nur wenige Passanten bewusst wahrnehmen. Doch einmal im Jahr zieht das bescheidene Denkmal etwas Aufmerksamkeit auf sich: Ende April, wenn Merkl und Löffler dort am Todestag von Emil Waidelich Blumen niederlegen.

Gedenkstein Bopseranlage · Ecke Etzelstraße/Hohenheimerstraße · 70180 Stuttgart
Haltestelle Bopser U5, 6, 7, 12

Ein Gedenkstein erinnert an den tragischen Tod eines Soldaten.

Danneckers Nymphe ist seit dem Krieg eine Dame ohne Unterleib.

Das steinerne Stadtgedächtnis

Schlafende und badende Göttinnen aus Marmor, Kanonenkugeln, Säulen, Büsten und Portale uralter Häuser, die längst dem Erdboden gleich gemacht worden sind: das Lapidarium, das rund 200 Plastiken und Gebäudereste beherbergt, ist ein begehbares Geschichtsbuch der Stadt.

Ein Ritter mit Lanze bewacht den Eingang. Wer sich an der schwer bewaffneten Bronzefigur vorbeitraut, wird belohnt: Hinter den hohen Steinmauern des Lapidariums in der Mörikestraße scheint die Zeit stehen geblieben zu sein. Verschlungene Pfade führen durch eine historische Parkanlage, unter Torbögen hindurch und in wenigen Schritten quer durch die Jahrhunderte – Stuttgarter Kultur- und Architekturgeschichte im Schnelldurchlauf und dennoch total entschleunigt. Vögel zwitschern, der Wind rauscht durch alte Bäume, und unweit eines plätschernden Brunnens löst die Göttin Venus ihre Sandalen und macht sich zum Bade bereit. Der Hauch von Italien kommt nicht von ungefähr: Anfang des 20. Jahrhunderts hat der schwerreiche Karl von Ostertag-Siegle neben seinem Wohnhaus einen idyllischen Park im Stil eines italienischen Renaissancegartens anlegen lassen. Eine mit Fragmenten römischer Antiken gepflasterte Wand im Laubengang der Wandelhalle erinnert an ihn und seine Reisen. Rund 50 Jahre später kaufte die Stadt Stuttgart das Grundstück, um dort die Reste abgerissener und im Krieg zerstörter Bauten und Plastiken aufzustellen. Ein faszinierendes Sammelsurium aus unterschiedlichen Epochen und verschiedenen Winkeln der Stadt: Der Ritter mit Lanze hat einst das Rathaus bewacht, das Portal des alten Steinhauses aus dem 13. Jahrhundert erinnert an eines der ältesten Gebäude der Stadt. Ein Fenstersturz stammt von der Militärakademie Hohe Karlsschule, in der Berühmtheiten wie Friedrich Schiller oder der Bildhauer Johann Heinrich Dannecker gelernt und gelitten haben. Eine Nymphenfigur nach Danneckers Entwurf steht, von Efeu umwachsen, im steinernen Garten: Sie hat den Krieg überstanden – als Dame ohne Unterleib.

Städtisches Lapidarium · Mi–Sa 14–18 Uhr · So 11–18 Uhr (Mai bis Mitte September)
Mörikestraße 24/1 · 70178 Stuttgart · Tel. 0711 21 69 64 00 · www.stadtmuseum-stuttgart.de
Haltestelle Marienplatz U1, U14, Bus 41, 43

24 Großbritannien im Kleinformat

Vor der Ladentür flattert der Union Jack, innen lächelt das englische Königspaar huldvoll von der Wand. Klein-Großbritannien liegt in der Weißenburgstraße im Heusteigviertel. In ihrem English Tea Room verkaufen Lynn und Christian Hazlewood Tee in verschiedenen Variationen – bloß nicht im Beutel.

Der über Zimtholz geräucherte Tee aus Ceylon ist Lynn Hazlewoods erste Wahl für ungemütlich regnerische Tage. Ist das Wetter freundlicher, kann man ihn aber auch durchaus kalt genießen – denn in dieser Version, so versichert die Teeexpertin, schmecke er wie Whiskey. Im Jahr 2011 hat das englische Paar, das einige Jahre zuvor mehr oder weniger zufällig in Stuttgart gelandet war, sein Teegeschäft im mittlerweile ziemlich angesagten Heusteigviertel eröffnet. Seitdem reisen die Hazlewoods regelmäßig durch die Welt, um vor Ort auf Plantagen die besten Tees zu finden. Ihren Schwerpunkt legen Lynn und

A cup of tea? Lynn Hazlewood hat immer Tee parat.

Christian Hazlewood auf traditionell produzierte orthodoxe Tees aus Indien, Japan und China. Wer auf Tee-Varianten in Geschmacksrichtungen wie Erdbeer-Sahne oder Wassermelone steht, wird hier also kaum fündig werden. Doch auch ohne künstliche Aromastoffe ist die geschmackliche Vielfalt beim grünen, weißen und schwarzen Tee enorm. Das wird jedem klar, der vor dem mit Teedosen bestückten Regal steht, das eine ganze Wand des Ladens verdeckt. Der weiße Jasmintee aus China beispielsweise bekommt seine feine Duft- und Geschmacksnote von getrockneten Blüten, der milchig-milde Milky Oolong schmeckt so, weil er über Milchdampf hergestellt wurde. Als kleines Zugeständnis an den Geschmack der Kundschaft haben die Hazlewoods inzwischen auch ausgewählte Kräutertees im Programm. Außerdem stehen englische Kekse aus Manufakturen, Marmelade und feines Geschirr für stilechte Teestunden in den Regalen. Wer etwas zu feiern hat, kann eine typisch britische Teaparty mit allem drum und dran buchen. Für weiterbildungsfreudige Teetrinker bieten die Hazlewoods Teeseminare an, bei denen die Teilnehmer viel Wissenswertes über das Getränk, seine Herstellung und Herkunft erfahren.

English Tea Room · Di–Fr 11–19 Uhr · Sa 10–18 Uhr · Weißenburgstraße 29 · 70180 Stuttgart
Tel. 0711 51 87 40 06 · www.the-english-tearoom.de
Haltestelle Österreichischer Platz U1, 14, Haltestellen Falbenhennenstraße Bus 43

Königliche Gäste im English Tea Room

Anlaufstelle für Billard- und Whisky-Fans
Daniel Bleicher und Jonas Hohmann brauen im Hinterhaus.

Hochprozentiges
im Hinterhaus

Der Weg führt durch einen schmalen Durchgang an der Sophienstraße in einen Hinterhof. Dort versteckt sich hinter der unscheinbaren Stahltür mit dem Schild »Billard-Saal« der wohl älteste Treffpunkt für Billardspieler in der Stadt. Seit dem Jahr 1952 werden hier bunte Kugeln nach allen Regeln der Spielkunst versenkt. Einst war der Billardsaal ein Club ausschließlich für passionierte Billardspieler, inzwischen können hier auch andere Leidenschaften befriedigt werden: Für Whisky-Fans stehen mehr als 300 Erzeugnisse unterschiedlicher Destillerien bereit, außerdem hat die Bar mehr als hundert verschiedene Gin-Sorten auf Lager.

Billardsaal (Eingang Sophienstraße) · Di–Do ab 19 Uhr · Fr–Sa ab 21 Uhr · Marienstraße 5
70178 Stuttgart · Tel. 0711 29 20 19 · www.billardsaal.eu
Haltestelle Stadtmitte S1, 2, 3, 4, 5, 6, U1, 14, Bus 43, 92

Bier mit Biokürbis

Immer der Nase nach: Wer dem Malzgeruch folgt, landet in einem Hinterhof und vor der Tür der Cast-Brauerei. Die Kleinbrauerei im beliebten Heusteigviertel, das mit seinen Jugendstilhäusern einen Besuch wert ist, hat sich auf obergärige, handwerklich gebraute Biere spezialisiert. Traditionelles Altbier und Weißbier, Pale Ale nach kalifornischem Rezept und mit einem Hauch von Südfruchtgeschmack gehören ebenso zum Repertoire von Braumeister Daniel Bleicher und Brauer Jonas Hohmann wie exotischere Varianten. Zum Beispiel das »Toasted Summer Ale« mit gerösteten Maisflocken, die dem Bier eine nussige Note geben, oder das »Pumpkin Ale«, dem die Brauer Bio-Hokkaidopüree und Ahornsirup zufügen.

Cast-Brauerei · Mi–Fr 10–18.30 Uhr · Sa 10–16 Uhr · Schlosserstraße 20/1 · 70180 Stuttgart
Tel. 0711 12 15 26 94 · www.cast-brauerei.com · Haltestelle Österreichischer Platz U1, 14, Bus 44, 92

Schillers Schädel-Krimi

Gut 150 Jahre haben die Überreste Carl von Schillers auf dem Fangelsbachfriedhof, einem der ältesten Friedhöfe der Stadt, gelegen. Dann störten drei Totengräber vorübergehend die ewige Ruhe des Sohns von Friedrich Schiller – im Dienste der Wissenschaft und der Wahrheitsfindung.

Welches ist der echte Schädel? Diese Frage hat Fans von Friedrich Schiller lange Zeit bewegt, denn in Weimar gab es gleich zwei Totenköpfe, die dem Dichterfürsten zugeschrieben wurden. Das Stuttgarter Grab seines Sohnes Carl, eines Forstwissenschaftlers, hat dazu beigetragen, das Rätsel um Schillers Schädel zu lösen. Der mit gerade einmal 45 Jahren verstorbene Schöpfer von Werken wie »Die Glocke«, »Wallenstein« und »Die Räuber« war 1805 in einem Massengrab in Weimar beigesetzt worden. Gut 20 Jahre später reute das den Bürgermeister der Stadt, der daraufhin anordnete, Schillers Gebeine aus der Gruft zu holen. Doch dort herrschte ein heilloses Durcheinander, aus dem gleich 23 Schädel geborgen wurden. Der größte davon wurde als Schillers Kopf identifiziert.

▶ **Schillers Werke, Krimis und Literatur aller Art sowie Kinderbücher verkauft die kleine, aber feine Markusbuchhandlung, Filderstraße 29.**

Dessen Freund Johann Wolfgang von Goethe verwahrte ihn mehrere Monate auf seinem Schreibtisch. Später wanderte der Schädel mit einigen Gebeinen in die Weimarer Fürstengruft. Damit hätte endlich Ruhe einkehren können, doch im Jahr 1911 ließ ein Anatom weitere 63 Schädel aus dem Massengrab bergen – und entdeckte ein weiteres Mal Schillers angeblichen Schädel. Ein internationales Forscherteam hat das Kriminalstück im Jahr 2008 gelöst, indem es mithilfe von Carl von Schillers sterblichen Überresten und jenen weiterer Verwandter den DNA-Code Friedrich Schillers entzifferte. Das Ergebnis der Untersuchungen: Keiner der beiden Schädel in der Fürstengruft gehörte Friedrich Schiller. Carl von Schiller ruht nun wieder in seinem Grab auf dem Fangelsbachfriedhof. Und Stuttgart hat Weimar etwas voraus: einen echten Schillerschen Schädel.

Fangelsbachfriedhof · Mo–So 8 Uhr bis Einbruch der Dunkelheit · Filderstraße/Cottastraße
70180 Stuttgart · Haltestelle Markuskirche, Bus 43

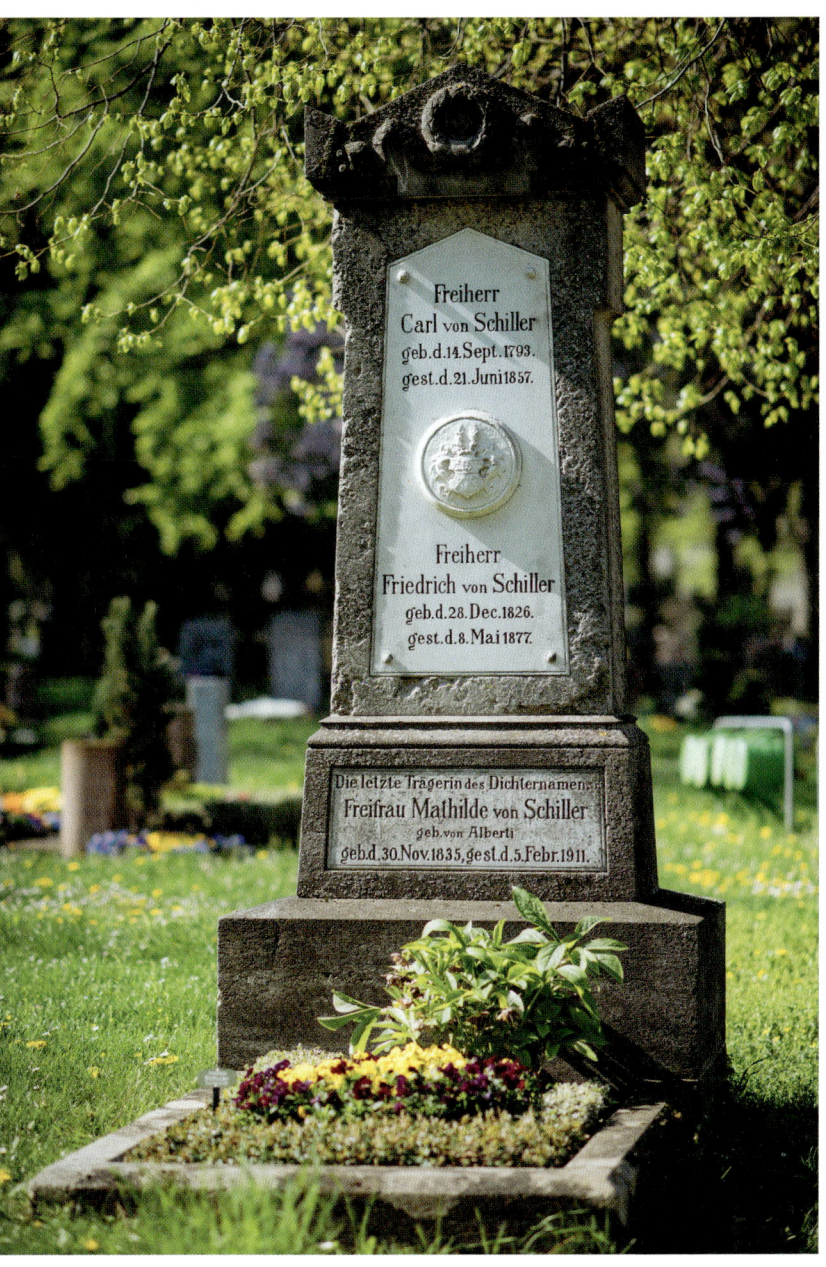

Freiherr
Carl von Schiller
geb. d. 14. Sept. 1793.
gest. d. 21. Juni 1857.

Freiherr
Friedrich von Schiller
geb. d. 28. Dec. 1826.
gest. d. 8. Mai 1877.

Die letzte Trägerin des Dichternamens:
Freifrau Mathilde von Schiller
geb. von Alberti
geb. d. 30. Nov. 1835, gest. d. 5. Febr. 1911.

Der Sohn des Dichterfürsten ist auf dem Fangelsbachfriedhof beerdigt.

Eine Welt im Miniformat: der Chinesische Garten
Chinesische Schriftzeichen an der Halle der Freundschaft

Weltflucht leicht gemacht

Mal für eine Stunde der harten und hektischen Realität entfliehen? Dann nur hereinspaziert! Vorbei am Pflasterornament, das Yin und Yang zeigt, und hinein durch den elegant geschwungenen Torbogen aus weißem Stein. Dahinter liegt eine Welt voller Harmonie und Ruhe: Willkommen im »Garten der schönen Melodie«.

Der 1500 Quadratmeter große Chinesische Garten in Halbhöhenlage ist eine Welt im Miniformat, ein Mikrokosmos, der Symbolik auf Schritt und Tritt bietet und Themen wie Leben und Tod, Werden und Vergehen aufgreift. Die aufgetürmten roten Sandsteine stellen Gebirge dar, Teiche stehen für das Meer, die Stauden und Sträucher für die Pflanzenwelt. Die kunstvoll gepflasterten Wege führen in helle und schattige Bereiche, wie sie das Leben mit sich bringt. Da kann Mensch schon mal vom geraden Weg abkommen, wenn er nicht aufpasst – das veranschaulicht die in Zickzack-Bauweise ausgeführte Brücke. Im Garten sollen Menschen aus der ganzen Welt zusammenkommen – das symbolisiert der Pavillon, dessen Dach einmal vier, einmal acht Firste hat und somit in alle Himmelsrichtungen zeigt. Man darf Qingyin, den Garten der schönen Melodie, aber auch einfach nur schön finden und genießen. Er ist ein Geschenk, das die Provinz Jiangsu der Stadt Stuttgart im Jahr 1993 gemacht hat. Der Anlass war die Internationale Gartenbauausstellung, für die der Garten im Rosensteinpark aufgebaut wurde. Weil er bei den Besuchern bestens ankam, an diesem Standort aus Gründen des Denkmalschutzes aber nicht bleiben konnte, sorgte ein eigens gegründeter Verein dafür, dass das Kleinod im Jahr 1996 an seinen heutigen Standort an der Birkenwaldstraße ziehen konnte. Inzwischen gehört der Garten dem Verschönerungsverein Stuttgart, der sich um seinen Erhalt kümmert. Obwohl Qingyin ein langjähriger Bürger der Stadt ist, haben ihn viele Stuttgarter noch nicht kennengelernt. Das ist ein bisschen schade, trägt aber dazu bei, dass er ein Ort der Besinnung im Großstadtgetöse ist, an dem man zur Ruhe kommen und der Melodie des Wasserfalls zuhören kann.

Qingyin-Garten · Mo–So 7 Uhr bis zur Dunkelheit · Birkenwald-/Panoramastraße · 70174 Stuttgart
www.chinagarten-stuttgart.de · Haltestelle Im Kaisemer, Bus 44

29 Frau Hähnle, die Vogelmutter Deutschlands

Ein Türportal mit einem in Stein gemeißelten Hahn ist alles, was von der im Krieg zerstörten Villa der Familie Hähnle in der Jägerstraße übrig geblieben ist. Heute steht es im Kräherwald – zwischen Buchen, Eichen und Fichten – und erinnert an die leidenschaftliche Natur- und Vogelfreundin Lina Hähnle.

Tatkräftig und tierlieb ist die Frau gewesen, die als »die Vogelmutter Deutschlands« gilt. Im Jahr 1899 hat Lina Hähnle, Gattin eines Filzfabrikanten und sechsfache Mutter, in der Stuttgarter Liederhalle den Bund für Vogelschutz gegründet. Sie habe die Ausbeutung der Natur nicht mehr mit ansehen können, so begründete Hähnle ihr Engagement. Dazu gehörte eine Kampagne gegen die Verarbeitung von Paradiesvogelfedern zu Hutschmuck. Fast 40 Jahre war Lina Hähnle die Vorsitzende der Naturschutzorganisation.

▶ **Das Gasthaus Reiterstüble, Furtwänglerstraße 90, bietet schwäbische Küche und einen schönen Biergarten.**

Dabei hatte sie dieses Amt ursprünglich nur übernommen, weil sonst niemand anderes dazu bereit war. Bei manch einem (männlichen) Zeitgenossen löste das Argwohn aus – schließlich durften Frauen zu dieser Zeit noch nicht einmal wählen. Doch schnell entpuppte sich die vermeintliche Notlösung als ein Glücksgriff: Lina Hähnle wusste die Menschen zu begeistern, sie hatte einen Draht zum einfachen Arbeiter und zum einflussreichen Adligen. Selbst den Präsidenten Thomas Woodrow Wilson hat sie als Mitglied für den Vogelschutzbund gewonnen. Bis zum Ersten Weltkrieg zählte die Organisation, die später zum Naturschutzbund (Nabu) werden sollte, bereits 40 000 Mitglieder. Ein Vogelhaus und eine Quelle, die als Vogeltränke dient, ergänzen das Denkmal für Lina Hähnle im Kräherwald. Von dort aus führt der Weg ins Tal, vorbei am einstigen Standort eines römischen Gutshofs und entlang des idyllischen Feuerbachs. Die Chancen stehen gut, unterwegs Vögel zu sichten, zum Beispiel Reiher, die am Bach nach Nahrung suchen. Der Weg endet beim Stadtteil Feuerbach, wo es mehrere Einkehrmöglichkeiten gibt.

Lina-Hähnle-Weg · Zugang unterhalb der Straße Am Kräherwald · 70193 Stuttgart
Haltestelle Nikolauspflege, Bus 40, 50

Das Türportal der Villa Hähnle steht mitten im Wald.

Eine Burg im Wohngebiet

Solides Bauen – damit kennt sich der Schwabe aus. Knapp vier Meter dick sind die Mauerreste des rund 20 Meter hohen Turms, der einst das Herz der im 13. Jahrhundert erbauten Burg Frauenberg oberhalb von Feuerbach war. Trotzdem ist nicht viel übrig geblieben von der Anlage: Einen Teil der Buckelquadersteine sollen die Grafen von Württemberg gekauft und in der Stuttgarter Stadtmauer verbaut haben. Das noch erhaltene Fundament des Bergfrieds ist Anfang der 1970er-Jahre bei Bauarbeiten wieder ans Tageslicht gekommen und gesichert worden. Es steht unter Denkmalschutz und ist neben dem Straßennamen »An der Burg« die einzige Erinnerung an die einstige Burg Frauenberg.

Ruine Burg Frauenberg · An der Burg 17 · 70192 Stuttgart
Haltestelle Feuerbacher Weg, Bus 43, 50

Von der stattlichen Burg ist nur das Fundament geblieben.

Aktivurlaub in der Besenwirtschaft

Alle Jahre wieder kehren die Schwestern Margarete Plath und Doris Bolk-Weischedel im Sommer aus dem hohen Norden nach Feuerbach zurück und machen »Aktivurlaub«, wie sie es nennen: Sie funktionieren ihr Elternhaus für einige Wochen zu einer Besenwirtschaft um, in der sie den »Rotling« ausschenken, der vom 18 Ar großen Weinberg beim Haus stammt. Das hat Tradition: Im Jahr 1979 hat Mutter Maria Weischedel den ersten Besen im Wohnzimmer veranstaltet. Inzwischen sitzen die 40 Gäste auf kleinen Terrassen im Garten, abends mit bester Aussicht auf den Sonnenuntergang. Serviert wird allerhand vom Schwein, der Renner sind aber die Pfannkuchen mit selbst gemachtem Quittenmus.

Besen im Grünen · geöffnet circa Mitte Juni–Mitte September · So 12–22 Uhr, Di–Sa 16–22 Uhr
Burgherrenstraße 107 · 70469 Stuttgart · Tel. 0711 85 19 40 · www.besenfuehrer.de/weischedel
Haltestelle Friedhof Feuerbach, Bus 91

Im Besen im Grünen wird Rotling aus dem Hausweinberg serviert.

Erst Messe, dann See

Friseurwettbewerbe und Kirchentage, Boxkämpfe und Auftritte von Stars wie den Rolling Stones oder Bill Haley – fast sechzig Jahre ging es auf dem Messegelände Killesberg rund. Dann zog die Messe zum Flughafen, machte Platz für ein Wohnquartier mit naturnahem See, Bächen und Rasenkissen.

Was von der Messe übrig blieb, das Untergeschoss der Halle 5, dient heute als Regenwasserspeicher – rund 3600 Kubikmeter Wasser passen hinein. Genug, um einen naturnahen See und kleine Bachläufe zu speisen, welche kreuz und quer durch den Park, die »Grüne Fuge«, verlaufen. Daran entlang führen Pfade durchs Gelände, auf dem sich hügelförmige Rasenkissen erheben. Eine eigentümliche Kunstlandschaft, die mit dem Europäischen Gartenpreis ausgezeichnet worden ist und als Scharnier zwischen der Wohnbebauung und dem Höhenpark Killesberg dient. Letzterer ist 1939 anlässlich einer Reichsgartenschau auf dem Gelände eines Steinbruchs entstanden. Von Anfang an ratterte eine Kleinbahn über das Gelände, die mit ihren Dampf- und Dieselloks namens »Tazzelwurm«, »Springerle« oder »Schwoabapfeil« unter Denkmalschutz steht. Einen noch besseren Überblick kann man sich vom Killesbergturm aus verschaffen. Allen, die schwindelfrei sind und die 174 Stufen des leicht schwingenden Turms von Jörg Schlaich meistern, liegt der Park zu Füßen – vom Tal der Rosen über die Seeterrassen bis zum großen Spielplatz und der Tierwiese. Dass es in der Geschichte des Parks dunkle Kapitel gibt, dass hier in einer Halle 2000 jüdische Frauen, Männer und Kinder zusammengepfercht und in KZs deportiert wurden, daran erinnerte lange Zeit nur ein unscheinbarer Gedenkstein. Seit 2013 umschließt ihn ein Metallring von 20 Metern Durchmesser, der in den Boden eingelassen wurde. Seine Ausmaße verdeutlichen, wie viele Menschen ermordet wurden und welchen Raum sie einnehmen würden.

▶ **Die Gedenkstätte »Zeichen der Erinnerung« in der Otto-Unfried-Straße (Haltestelle Mittnachtstraße U12) thematisiert die Deportation jüdischer Mitbürger.**

Grüne Fuge · Am Höhenpark · 70192 Stuttgart · Haltestelle Killesberg U5, Bus 43, 44, 50, 57

Eine Kletterpartie auf den Killesbergturm lohnt sich.

Pläuschchen an der Straßenecke: Gäste der Kaffeestube Fuchsbau
Alexander Bonilla-Cardona im heimeligen Fuchsbau.

Kaffeeglück im Fuchsbau

Der Fuchs ist ein Grenzgänger – er fühlt sich in der Natur, aber auch in der Stadt wohl. Alexander und Alejandro Bonilla-Cardona geht es ähnlich. Und so haben sie ihre Kaffeestube am Herdweg Fuchsbau getauft. Dort verkaufen sie auch Produkte aus ihrer Manufaktur »Monsieur Renards Garten«.

Von Montag bis Freitag stehen Alejandro und Alexander Bonilla-Cardona hinter der Theke ihrer nur 16 Quadratmeter großen Kaffeestube, die bis vor einiger Zeit ein ganz normaler Kiosk war. Einige Zeitungen, Magazine und Öko-Tabak gibt es auch heute noch im »Fuchsbau«, der inzwischen aber hauptsächlich eine Anlaufstelle für Hungrige und Durstige ist. Faire Kaffeespezialitäten, die obligatorische Frühstücksbrezel vom Traditionsbäcker oder ein kleines Mittagessen hat der »Fuchsbau« zu bieten. Mittwochs stehen stets Crêpes auf dem Speiseplan, donnerstags ist Quichetag. Eigenkreationen wie Rotkraut-Ziegenkäse, Walnuss-Birne oder Quiche mit Frühlingsgemüse kommen so gut an, dass die bunt gemischte Kundschaft mittlerweile vorbestellt, um ja nicht leer auszugehen. Bei gutem Wetter fläzt sich manch einer in die bequemen Liegestühle um das Caféchen und genießt die Sonne und das geschäftige Treiben rund um die Kaffeestube. Dort bieten Alexander und Alejandro Bonilla-Cardona auch selbst gemachte Brotaufstriche, Konfitüren, Gewürzmischungen und verschiedene Senfsorten an. Die Zutaten, die die beiden für ihre Produkte verwenden, stammen von ausgewählten Erzeugern aus der Region. Die Rezepte sind von der bekannten elsässischen Konditorin und Confiseuse Christine Ferber inspiriert. Sie ist das große Vorbild von Alejandro und Alexander Bonilla-Cardona und hat die beiden ein wenig gecoacht. Rotweinsalz aus badischem Grauburgunder als perfekter Begleiter für Fleischgerichte, Waldpilz-Salz oder Senf mit Gin, Bärlauch oder Lavendel gehören zur Produktpalette, die unter dem Namen »Monsieur Renards Garten« verkauft wird. Auf dem Etikett prangt, na klar, der Kopf von Monsieur Renard, dem Fuchs.

Kaffeestube Fuchsbau · Mo–Fr 7.45–17 Uhr · Sa 9.30–14 Uhr (außerhalb der Schulferien) Herdweg 36 · 70174 Stuttgart · Tel. 01575 544 05 58 · www.monsieurrenardsgarden.de Haltestelle Hölderlinstraße Bus 43

Kriminelles und Kurioses

Die Radarfalle ist perfekt getarnt – sie versteckt sich in einer vermeintlich harmlosen Mülltonne am Straßenrand. Zum Einsatz gekommen ist die Erfindung aber nie, denn sie löste bei den Stuttgarter Autofahrern schon vorab einen Sturm der Empörung aus. Nun macht sie Furore als Exponat im Polizeimuseum.

Skurriles, Lehrreiches, Grausames – im gut 200 Quadratmeter großen Polizeimuseum Stuttgart auf dem Gelände des Polizeipräsidiums kann man alles finden, nur keine endlosen Reihen vollgestopfter Glasvitrinen oder erläuternde Texte in Romanlänge. Die Zahl der Exponate ist überschaubar, die Erklärungen kurz und knapp. Ohnehin sprechen viele Ausstellungsstücke für sich – sei es die Waffe, mit welcher der Hofkapellmeister Aloys Obrist die Sängerin Anna Sutter im Juni 1910 aus Eifersucht erschoss, sei es die gut bestückte Falschgeldvitrine, der im Mülleimer versteckte Blitzer, ein von Konrad Kujau gefälschter angeblicher NSDAP-Mitgliedsausweis Adolf Hitlers oder die von der amerikanischen Besatzungsmacht bereitgestellte Harley-Davidson, mit der deutsche Polizeibeamte nach dem Zweiten Weltkrieg hinter Verkehrsrowdys hinterherpreschten. Die Einzelteile des Motorrads haben die Mitglieder des Polizeihistorischen Vereins, feinsäuberlich zerlegt und in mehreren Kisten verpackt, in einem Keller entdeckt und wieder zusammengebaut. Das Polizeimuseum betreuen die Vereinsmitglieder ehrenamtlich, und da das Museum nur im Zuge einer Führung zu besichtigen ist, streifen Besucher immer unter der Obhut von Fachleuten durch die Räume. Letztere haben einen großen Fundus an Expertenwissen und Geschichten der lokalen Polizeihistorie parat, wissen, wann die erste Ampel Stuttgarts in Betrieb und die erste Polizistin auf Streife ging, und waren in manchen Fällen selbst an den Ermittlungen beteiligt. Kritisch beleuchtet wird im Museum auch ein unrühmliches Kapitel der eigenen Geschichte: Ein Raum ist der Rolle der Stuttgarter Polizei während der Zeit des Nationalsozialismus' gewidmet. Dokumentiert werden hier Karrieren vom Mitläufer bis zum Massenmörder.

Polizeimuseum Stuttgart · Gruppenführungen nach Absprache: für Einzelbesucher gibt es auf der Homepage Sammeltermine · Hahnemannstraße 1 · 70191 Stuttgart · Tel. 0711 89 90 11 42 www.polizeimuseum-stuttgart.de · Haltestelle Pragsattel U6, 7, 15

Mit diesem Motorrad jagte die Polizei einst Verkehrsrowdys.

Wenn die Zacke schlafen geht, beginnt im Theater Rampe erst richtig der Betrieb.

Frau Zackes Schlafzimmer

Jeden Abend kurz vor 21 Uhr vollzieht sich am Fuße der Alten Wein-steige das gleiche Schauspiel: Unter lautem Quietschen fährt die Zahnradbahn – die Zacke – in ihr Nachtquartier. Das Schlafzimmer ist aber beileibe kein stiller Ort, denn es dient zugleich als Foyer des Theaters Rampe.

Fast 25 Jahre friedliche Koexistenz – so viel Harmonie findet man selten in einer Wohngemeinschaft. Aber schließlich kommen auch nur wenige WGs auf Vermittlung des Kulturamts und des Wissenschaftsministeriums zustande, wie es hier der Fall war. Das war Anfang der 1990er-Jahre, nachdem der Vermieter dem 1984 gegründeten freien Theater Rampe seine Spielstätte wegen Eigenbedarf gekündigt hatte. Die Rampe zog in den 1907 im Jugendstil erbauten Zahnradbahnhof an der Filderstraße, der seit 1936 nur noch als Depot dient, und bietet dort seitdem Gastspiele der freien Szene mit einem Schwerpunkt auf dem Bereich Performance. Außerdem produziert und führt das Theater eigene Stücke auf. Wenn die Besucher in der Pause im Foyer einen Drink genießen, steht die Zahnradbahn neben ihnen auf dem Abstellgleis. Morgens gegen fünf Uhr beginnt der Arbeitstag der alten Dame. Im Jahr 1884 ist sie erstmals die mit bis zu 18 Prozent steile Strecke hinauf nach Degerloch geklettert. Dabei greifen die an einem

▶ **Eine kleine Ausstellung im Bahnhofsgebäude erläutert die bewegte Geschichte der Zacke, Mo–Fr 14–18 Uhr und eine Stunde vor Theatervorstellungen.**

Zahnrad unter dem Wagen angebrachten Noppen in eine Zahnstange zwischen den Schienen, die einer Leiter mit Sprossen ähnelt. 210 Höhenmeter bewältigt die Zacke auf gut zwei Kilometern. Der Ausblick aus dem Fenster ist traumhaft und günstig zu haben, denn die Zacke gehört zwar zu den letzten vier Zahnradbahnen Deutschlands, fährt aber zum üblichen Nahverkehrstarif. Wer sie an der Haltestelle Haigst verlässt, gelangt über die Straße Auf dem Haigst in den Bopserwald, durch den man hinab ins Tal spazieren kann. Drahtesel befördert die Zacke in einem Fahrradwagen den Berg hinauf.

Theater Rampe · Filderstraße 47 · 70180 Stuttgart · Tel. 0711 620 09 09 15 · www.theaterrampe.de
Haltestelle Marienplatz U1, 14, Bus 41, 43

Des Herzogs Wasserfälle

Zugegeben, mit berühmten Kollegen wie den Niagarafällen oder dem Rheinfall können die Heslacher Wasserfälle im Süden Stuttgarts weder höhentechnisch noch was die Wassermenge angeht mithalten. Aber sie sind ein nahe liegendes Ziel für Spaziergänge und haben eine interessante Geschichte.

Über eine Länge von rund hundert Metern bahnt sich das Wasser über Felsen und bemooste Steine seinen Weg durch die steile, üppig grüne Heidenklinge hinab. Das romantische Szenario hat schon im 19. Jahrhundert jede Menge Schaulustige angelockt, allerdings gab es damals noch mehr zu sehen – mehr Wasser nämlich. Das rauschte durch einen rund 800 Meter langen, unterirdischen Stollen vom Pfaffensee im Rotwildpark heran. Der See verdankt seine Existenz einem Spross des Hauses Württemberg, Herzog Christoph. Er hat den Pfaffensee, der mit Wasser aus dem Flüsschen Glems gespeist wird, im Jahr 1566 anlegen lassen. Wieso solch ein Aufwand? Die Stuttgarter Mühlenbesitzer, so heißt es, hätten dem Herzog in den Ohren gelegen. Denn der Nesenbach, der im Stadtteil Vaihingen entspringt und heute fast komplett unter der Erde verläuft, führte offenbar immer weniger Wasser, weil die Stuttgarter immer mehr davon für ihre Zwecke abzweigten. Damit der Bach wieder rauschte und die vor allem im Stadtteil Berg angesiedelten Mühlen klappern konnten, erhielt der Nesenbach eine Portion Extrawasser aus dem Pfaffensee, das über die Heidenklinge geleitet wurde. Das ging lange Jahre so, bis dem Nesenbach im Jahr 1874 quasi das Wasser abgedreht wurde: Nach dem Bau eines Wasserwerks auf dem Hasenberg floss der Inhalt des Pfaffensees nicht mehr durch die Heidenklinge, sondern wurde ins Wasserwerk gepumpt. Seitdem plätschern die Heslacher Wasserfälle mehr, als dass sie rauschen. Am eindrucksvollsten sind sie, wenn es zuvor einige Tage kräftig geregnet hat. Schuhe mit gutem Profil sind dann sehr hilfreich, denn der von der Leonberger Straße abzweigende Trampelpfad in die Schlucht ist oft rutschig.

Naturschutzgebiet Heslacher Wasserfälle · Obere Heidenklinge via Leonberger Straße
70199 Stuttgart · Haltestelle Rudolf-Sophien-Stift, Bus 92

Die üppig grüne Heidenklinge ist ein idyllischer Ort.

Autos sind inzwischen vom Südheimer Platz verbannt.
Die Wasserspiele sind ein erfrischender Zeitvertreib.

Wiedergeburt als Wasserspiel

Der Südheimer Platz wirkt friedlich, manchen ist er fast ein bisschen zu still. Kaum noch vorstellbar, welch ungeheurer Lärm bis Anfang der 1990er-Jahre hier herrschte. Damals überspannte eine Brücke der Bundesstraße 14 den Platz, auf der sich Tag für Tag eine Blechlawine stadtein- und -auswärts wälzte.

Die Brücke ist im Jahr 2004 abgerissen worden, denn seit dem Bau des Heslacher Tunnels, der die Hauptstätter Straße mit dem Verkehrsknoten Schattenring verbindet, muss sich der Durchgangsverkehr nicht mehr mühselig durch Heslach quälen, sondern kratzt vorher die Kurve und nimmt den Weg durch die Röhre, in der zu Hauptverkehrszeiten auch regelmäßig Stau herrscht. Den Anwohnern des Südheimer Platzes bleiben so aber täglich rund 40.000 Fahrzeuge erspart. Als Erinnerung an die verkehrsbewegten Zeiten sind vier Betonpfeiler der Brücke geblieben. Die mussten entgegen der ursprüngliche Pläne doch nicht weichen, sondern haben eine neue Aufgabe verpasst bekommen. Vier Leuchtzylinder hat man ihnen obendrauf gesetzt, nun fungieren sie als Lampen der etwas anderen Art. Dass die ausgedienten Pfeiler besonders bei Kindern sehr beliebt sind, hat jedoch einen anderen Grund: Von Mitte Mai bis Mitte September werden sie auch als Wasserspiel genutzt. Wer nahe genug an sie herantritt,

▶ **Teakholz, Emailleschilder und bis zu 28 Prozent Steigung: Eine Fahrt mit der Standseilbahn von 1929 sollte man sich nicht entgehen lassen.**

setzt Sprühdüsen in Betrieb, die in die vier Pfeiler eingebaut sind. Sie erzeugen einen Vorhang aus Wassertröpfchen, der beim Durchgehen wunderbar erfrischt. Ansonsten wartet der Südheimer Platz, der in etwa die Ausmaße des Marktplatzes hat, mit einem Spielplatz und viel freier Fläche auf, ein prima Ort, um das Rad fahren und Rollschuhlaufen zu üben. Eine Calisthenics-Anlage, die urbane Variante des Trimm-Dich-Pfads aus den 1970er-Jahren, ergänzt seit Neuem das Angebot. An Barren, Klimmzugstangen und Leitern absolviert hier der gesundheitsbewusste Großstädter sein Ganzkörpertraining.

Südheimer Platz · Wasserspiel · Mitte Mai–Mitte September · 70199 Stuttgart
Haltestelle Südheimer Platz U1,14

Stuttgarts
»schönster Flecken«

Das Lehenviertel im Süden Stuttgarts ist nicht so bekannt wie der Westen und längst nicht so hip wie das angesagte Heusteigviertel. Doch wer hier gelandet ist, will meist nicht mehr fort. Inzwischen hat das Quartier sogar sein eigenes Bier. Es heißt »Zacke« – wie die Zahnradbahn, die das Viertel durchquert.

Mit seinen kleinen Läden, Handwerksbetrieben und Ateliers wirkt das Lehenviertel wie ein Dorf in der Großstadt. Wenn man sich beim Spaziergang durch die Straßen die Autos wegdenkt, fühlt man sich fast wie um 1900. Die Fassaden der im Jugendstil und Historismus erbauten Gebäude mit Erkern und Türmchen bieten viele schöne Details und Hinweise auf die Vergangenheit. Da thront ein versteinerter Löwe an der Hausecke, über einem Türportal schwebt der Kopf einer Dame mit wallendem Haar und in der Liststraße blickt eine Büste des Ökonomen und Eisenbahn-Pioniers Friedrich List auf die Passanten herab. Eine Brezel weist in der Lehenstraße auf den Beruf des einstigen Hausbesitzers hin, und an der Filderstraße prangt, in Stein gemeißelt, der dezente Hinweis darauf, dass man im Lehenviertel schon früh fortschrittlich war: »Telefon« steht zu beiden Seiten der Eingangstür. Durch teils kunstvoll geschmiedete Tore, die mit Blätterranken, einem Zwerg oder einem vorwitzigen Hund verziert sind, kann man einen Blick in die Hinterhöfe erhaschen, die mal als grüne Oase, mal als Parkplatz dienen. Oft versteckt sich in der zweiten Reihe auch eine kleine Werkstatt, in der geschreinert, geschweißt und gehämmert wird. Einigen kreativen Bewohnern hat das Lehenviertel auch die Tatsache zu verdanken, dass es vermutlich das einzige Stadtquartier mit eigenem Bier ist. In deren Auftrag braut die Cast-Brauerei, ein Zwei-Mann-Betrieb, das Zacke-Bier, das seinen Namen der Zahnradbahn verdankt. Zu besonderen Gelegenheiten wird das Zacke-Bier im Gasthaus Lehen ausgeschenkt. Der Slogan, mit dem der Gerstensaft beworben wird, spricht für sich und für das Lehenviertel und vermutlich den meisten Bewohner aus dem Herzen: »Zacke – das Bier aus Stuttgarts schönstem Flecken«.

Lehenviertel · 70180 Stuttgart · Haltestelle Marienplatz U1, 14, Bus 41, 43

Schöne Häuser und kleine Läden und Werkstätten: das Lehenviertel

Auf der Gäubahnstrecke ist 1879 der erste Zug gefahren.
Die Brücke ist ein Überbleibsel aus bewegteren Zeiten.

Kein Halt in Heslach

Der letzte Zug ist hier vor langer Zeit abgefahren: Seit rund sechzig Jahren wird die Haltestelle Stuttgart-Heslach an der Gäubahnstrecke nicht mehr bedient. Früher aber war der Bahnhof eine wichtige Anlaufstelle für Pendler, die aus der Umgebung zur Arbeit hierherkamen.

Mitten im Grünen liegt die Haltestelle, ein gutes Stück entfernt von den Häusern des Stadtteils Heslach entfernt. Zu erreichen ist der einstige Bahnhof Heslach zum Beispiel über eine Treppe, die schräg gegenüber dem Pfarrwegle in Heslach beginnt. Auf schmalen Pfaden geht es zwischen Gärten und Gütle den Hügel hinauf bis zu einer Fußgängerbrücke. Sie quert die Schienen der Gäubahnstrecke, die 1879 eröffnet wurde und von Stuttgart nach Freudenstadt führt. Aus dem Zugfenster bieten sich schöne Ausblicke auf den Stuttgarter Talkessel, allerdings stoppt die Bahn in Stuttgart längst nicht mehr an so vielen Haltepunkten wie in den Anfangsjahren. So lässt die Gäubahn die Stationen Stuttgart-West oder Wildpark seit Langem links liegen, in Heslach hat der letzte Zug im Jahr 1960 gestoppt, um Fahrgäste aus- und einsteigen zu lassen. Vom einstigen Bahnhofskiosk ist nichts übrig geblieben, ein Schild am Fußgängersteg erinnert aber noch an turbulentere Zeiten und auch das Bahnwärterhäuschen ist erhalten geblieben. Die Haltestelle Heslach war insbesondere für Pendler eine wichtige Anlaufstelle. Dazu gehörten beispielsweise die Mitarbeiter der Contessa-Camerawerke, die ihren Sitz in der Dornhaldenstraße hatten. Deren Mitarbeiter sollen vom Heslacher Bahnhof aus mit Pferdekutschen an ihre Arbeitsstätte verfrachtet worden sein. August Nagel und Carl Drexler hatten die Firma Anfang des 20. Jahrhunderts gegründet und dort kleine und handliche Fotokameras bauen lassen. In den 1920er-Jahren entstand aus der Fusion mehrerer Unternehmen die Firma Zeiss Ikon, die nach dem Zweiten Weltkrieg in Stuttgart Kameras herstellte – bis Anfang der 1970er-Jahre, als das einstige Contessa-Werk geschlossen und die Produktion von Fotoapparaten komplett eingestellt wurde.

Haltestelle Heslach · Zugang über das Pfarrwegle · 70199 Stuttgart · Haltestelle Bihlplatz U1, 14

Rapunzels vergessener Turm

Wie bestellt und nicht abgeholt steht das Türmchen in der kleinen Grünanlage an der Liststraße. Kein Schild erklärt, welchen Sinn und Zweck dieses Bauwerk hat. Tatsächlich ist der gut vier Meter hohe Steinturm nur der mickrige Überrest eines im Jahr 1986 abgerissenen, stattlichen Gebäudes. Das Rapunzeltürmchen schmückte einst die im Jahr 1893 errichtete Hauptverwaltung der Stuttgarter Straßenbahnen am benachbarten Marienplatz. Der schöne Bau samt Wagenhalle musste weichen, um die Zufahrt zum Portal des Heslacher Tunnels frei zu machen. Der Tunnel dient seit 1992 als Ortsumfahrung für Heslach.

Grünanlage Liststraße · Ecke Liststraße/Alte Weinsteige · 70180 Stuttgart
Haltestelle Marienplatz U1, 14 · Bus 41, 43

Geniales Hirngespinst

Dichter, Philosoph, Weingärtner, Jazz-Komponist und gar Erfinder dieses Musikstils in einer Person: Traugott Armbrüstle war ein echtes Multitalent und soll eine Affäre mit der amerikanischen Schauspielerin Scarlett O'Hara gehabt haben. Kein Wunder, dass die Bewohner des Stadtteils Heslach stolz sind auf das Genie aus ihren Reihen. Der Haken daran: Traugott Armbrüstle hat es nie gegeben. Er ist das Resultat vieler feuchtfröhlicher Stammtischrunden in einer Heslacher Weinstube und hat somit keine Chance, als Namensgeber für eine Straße zu fungieren. Die findigen Heslacher haben dennoch eine Möglichkeit gefunden, ihn zu ehren: Ein Schild auf einem privaten Parkplatz in der Böblinger Straße weist die Abstellfläche als »Traugott-Armbrüstle-Plätzle« aus.

Traugott-Armbrüstle-Plätzle · Böblinger Straße 143 · 70199 Stuttgart · Haltestelle Bihlplatz U1, 14

Das Gebäude zum Turm musste dem Heslacher Tunnel weichen.
Erinnerung an ein Heslacher Multitalent

Traugott-Armbrüstle-Plätzle

Traugott Armbrüstle
*1805 †1876
Heslacher Universalgenie

Das Gasthaus Lehen ist seit mehr als hundert Jahren ein Treffpunkt.

Das Wohnzimmer für alle

Das Gasthaus Lehen ist die gute Stube des Lehenviertels – und das schon seit mehr als hundert Jahren. Manche Gäste haben als Studenten zum ersten Mal ihr Bier unter dem großen alten Wandgemälde von Schloss Hirrlingen getrunken – und kehren als Rentner immer noch gerne hier ein.

Im Jahr 1904 hat die Gastwirtschaft Lehen erstmals ihre Tür an der Ecke List- und Lehenstraße geöffnet. Seitdem gehen sie hier Tag für Tag ein und aus – die Durstigen und Hungrigen und die, denen der Sinn nach Gesellschaft steht. Im Lehen sitzen alle Tisch an Tisch: die Mitglieder der Juso-Hochschulgruppe und des Kirchenchors, die Herren, die sich an einem Schachbrett erbitterte Denkkämpfe liefern, der Mann, der zu seinem kühlen Bierchen ein Buch aus dem Wirtshausregal genießt, die Rentnerrunde und die Theaterbesucher nach der Vorstellung. Würde ein Gast, der die Eröffnung vor mehr als hundert Jahren erlebt hat, heutzutage in den Raum marschieren, käme ihm so manches vertraut vor. Das Gemälde etwa, das über dem Stammtisch hängt, eine Ansicht von Schloss Hirrlingen. Oder das Fensterchen bei der Theke, durch das einst das Bier im Straßenverkauf auf den Flur hinausgereicht wurde. Er wüsste vielleicht, warum an der Wand ein Porträt von Herrn Goethe hängt. Und wie ist das Bild hier gelandet, auf dem in Frakturschrift die Mahnung prangt: »Wenn du noch eine Mutter hast, so danke Gott und sei zufrieden«? Sei' s drum – es gehört zum Mobiliar, wie der mächtige hölzerne Leuchter oder die alte Küchenwaage. Für die Stammgäste ist das Lehen ein zweites Wohnzimmer und so werden selbst kleinste Veränderungen registriert, misstrauisch beobachtet, kommentiert und gegebenenfalls kritisiert. Karin Beck, die das Gasthaus vom langjährigen Wirt Gert Ehret übernommen hat, trägt es mit Fassung. Im Gasthaus Lehen, das bereits mehrmals als Kulisse für Filmproduktionen gedient hat, serviert sie mit ihrem Team selbst gemachte Maultaschen und schwäbische Küche, aber auch Flammkuchen. Immer sonntags kommt in der guten Stube ein Braten auf den Tisch.

Gasthaus Lehen · Mo–Do 17–1 Uhr · Fr 11.30–2 Uhr · Sa 10–2 Uhr · So 11–23 Uhr
Lehenstraße 13 · 70180 Stuttgart · Tel. 0711 640 72 91 · www.classiclehen-stuttgart.de
Haltestelle Marienplatz U1, 14 und Haltestelle Lehenstraße Bus 43

Garantiert echt gefälscht

Ob van Goghs Sternenhimmel oder Renoirs Regenschirme – kein Künstler war vor Konrad Kujau sicher. Seine Fälschungen hat das Schlitzohr in den 1990er-Jahren in seinem Lokal nebst Galerie in Heslach ausgestellt und an den Mann und die Frau gebracht.

Auf einen Schlag berühmt geworden war Konrad Kujau im Jahr 1983, als das Magazin Stern Auszüge aus den angeblich geheimen Tagebüchern Adolf Hitlers veröffentlichte. Die teils skurril anmutenden vermeintlichen Notizen Hitlers waren allesamt der Feder und Fantasie Konrad Kujaus entsprungen, dem das Kunststück gelang, für eine gewisse Zeit fast die ganze Welt zum Narren zu halten. Er verkaufte 62 Tagebuchbände an die Zeitschrift, die etwas mehr als neun Millionen DM dafür hinlegte. Weit dramatischer war der Imageschaden, den das Magazin erlitt, als sich zeigte, dass Hitlers Tagebücher Fälschungen waren. Einen Teil seiner benötigten Utensilien hat Konrad

In seinem Lokal servierte Konrad Kujau schwäbische Spezialitäten und gefälschte Meisterwerke.

Kujau, der im Jahr 2000 an Krebs gestorben ist, aber als »der Konny« in Heslach noch präsent ist, in einem Laden für Bürobedarf in der Böblinger Straße 79 gekauft. Mit einem gewissen Stolz teilt die Firma auf ihrer Internetseite mit: »Ein ganz besonderer Kunde war übrigens Konrad Kujau, der Fälscher der Hitler-Tagebücher. Er kaufte hier sozusagen seine Fälscherwerkzeuge, was man natürlich erst nachträglich erfahren hat.« Zwei Häuser entfernt richtete Kujau später sein Lokal Alt-Heslach ein, wo außer schwäbischen und sächsischen Spezialitäten auf der Speisekarte feine Fälschungen berühmter Gemälde an den Wänden serviert wurden. Das war, nachdem er seine mehrjährige Haftstrafe abgesessen hatte. Allerdings geriet Konrad Kujau auch da noch ab und zu ins Visier der Kriminalpolizei, weil er es mit der Kennzeichnung seiner Fälschungen, die aus rechtlichen Gründen neben der Künstlersignatur auch seinen Namen tragen mussten, nicht immer so genau nahm. Einen Heidenspaß hätte Kujau vermutlich daran gehabt, dass es nach seinem Tod zu einem Gerichtsprozess kam, weil seiner Großnichte vorgeworfen wurde, sie habe Kujau-Fälschungen fälschen lassen und ihren Kunden keine echten, sondern gefälschte Fälschungen verkauft.

Konrad Kujaus ehemaliges Lokal · Böblinger Straße 81 · 70199 Stuttgart
Haltestelle Erwin-Schoettle-Platz U1, 14 · Bus 42

Von Gustav Klimt bis Paul Gauguin: Konrad Kujau präsentiert einige seiner Fälschungen.

Ein Ensemblemitglied des Theaters am Faden

Märchenhaftes Fadenspiel

Das verwinkelte Weingärtnerhaus aus der Zeit um 1800 hat viele Bewohner. Sie kommen aus Indien, Indonesien, China, Tschechien oder Thailand und gehören alle zum Ensemble des Theaters am Faden. Helga Brehme hat die Marionettenbühne 1972 gegründet und spielt dort am liebsten Märchen aus aller Welt.

Helga Brehmes Theater am Faden ist ein Gesamtkunstwerk. Vom lauschigen Innenhof, der mit Kletter- und Kübelpflanzen begrünt ist, treten Besucher in den Eingangsbereich mit schweren, dunklen Holzbalken. Unter den Blicken vieler Augenpaare – sie gehören Marionetten aus Ländern rund um den Globus – führt der Weg in einen mit Teppichen und Truhen möblierten Raum. Dort lädt ein handbetriebenes Karussell junge Besucher zur Rundfahrt ein und farbenfrohe Gewänder hängen bereit. Mit ihnen darf sich das Publikum prächtig ausstaffieren, bevor es zur Vorstellung in den Theatersaal geht. Der hohe Raum, eine umgebaute Scheune mit knarzendem Holzdielenboden, ist urgemütlich und bietet Platz für 60 Zuschauer. Sie können es sich auf Stühlen bequem machen, von denen keiner aussieht wie der andere. Sobald alle sitzen, lässt Helga Brehme ihre Puppen tanzen. Manche hat sie von ihren vielen Reisen und Tourneen mitgebracht, andere haben sie oder ihr verstorbener Mann aus Lindenholz geschnitzt. Kopf und Rumpf der Marionetten sind meist an einem Stab fixiert, Arme und Beine werden über Fäden bewegt. Diese im Vergleich zu reinen Fadenmarionetten etwas steifere und dadurch weniger naturalistische Körperhaltung passe besser zu den Stücken, die sie spiele, sagt Helga Brehme, die schon oft in Indien und Sibirien Gastspiele gegeben hat. Märchen haben es der Puppenspielerin besonders angetan, sei es »Jorinde und Joringel« von den Gebrüdern Grimm, seien es georgische, russische, kasachische oder sibirische Erzählungen. Da verwandeln sich Mädchen in Vögel, Lindwürmer werden zu Königstöchtern und Löwen zu Prinzen. Geeignet sind die Stücke schon für Kinder ab vier Jahren, doch im Theatersaal sitzen auch viele erwachsene Fans dieses zauberhaften Gesamtkunstwerks.

Theater am Faden · Hasenstraße 36 · 70199 Stuttgart · Tel. 0711 60 48 50
www.theateramfaden.de · Haltestelle Bihlplatz U1, 14

85

Es lebe die Langspielplatte

Jede Woche trifft frische Ware bei Ratzer Records am Marienplatz ein. Vor der Tür des kleinen gemütlichen Plattengeschäfts rauscht und röhrt der dichte Verkehr auf der Stadtautobahn. Innen drin sind angenehmere Töne zu hören – meist aus der Sparte Alternative Music.

Karl-Heinz Ratzer hat nie aufgehört, an die Langspielplatte zu glauben. Er selbst hat seine erste mit elf Jahren gekauft und später als Filialleiter in einem Schallplattenladen am Schlossplatz gearbeitet. Als dieser geschlossen wurde, eröffnete er gemeinsam mit seiner Frau Brigitte seinen eigenen Laden. Im Laufe der Jahre hat Ratzer Records mehrmals den Standort in der Stadt gewechselt, auch die treue Kundschaft ist also ein bisschen in Stuttgart herumgekommen. Im aktuellen Plattencafé an der Hauptstätter Straße ist jedoch insofern alles wie gehabt, als hier vorwiegend Neuerscheinungen verkauft werden. Jede Woche trifft aktuelles Material ein, Second-Hand-Ware gibt es so gut wie gar nicht zu kaufen. Auch CDs stehen nur wenige im Regal, die meisten Kunden, die hier einkaufen, schwören wie Karl-Heinz Ratzer auf Vinyl und haben dementsprechend einen Plattenspieler zu Hause stehen. Sie können sicher sein, dass sie bei Ratzer Records das Neueste vom Neuen finden, Songs und Bands, die bislang noch fast keiner kennt. Der Großteil davon lässt sich im weitesten Sinne der Sparte Alternative zuordnen; Independent, Rock und Pop ist aber auch zu haben. Hauptsache, keine Massenware. Doch auch Fans von Hip-Hop und Elektromusik werden fündig. Ohnehin bestellen die Ratzers auf Wunsch jede gewünschte Scheibe. Und weil Ratzer Records zudem ein Plattencafé ist, kann die musikbegeisterte Kundschaft beim Stöbern nach neuen Bands nebenbei einen Espresso oder Cappuccino trinken. Er wird an der geschwungenen Theke, einem Originalmodell aus den 1950er-Jahren, gebrüht und ausgeschenkt. Immer samstags findet man bei Ratzer Records nicht nur Vinyl-, sondern auch Kuchenplatten: Dann wird zu den Kaffeespezialitäten frisches Backwerk serviert.

Ratzer Records Plattencafé · Mo und Fr 12–20 Uhr · Di–Do 11–20 Uhr · Sa 10–18 Uhr
Hauptstätter Straße 154 · 70178 Stuttgart · Tel. 0711 61 63 52 · www.ratzer-records.de
Haltestelle Marienplatz U1, 14

Bei Ratzer Records dreht sich alles um Platten.

Tomomi Sugimotos Gebäck ist fast zu schön, um gegessen zu werden.

Traumhafte Törtchen

Ausgerechnet eine Japanerin versorgt die Bewohner der Schwaben-metropole mit leckeren französischen Backwaren: In ihrer Konditorei Meister Lampe bietet Tomomi Sugimoto frische Croissants und Brioche, edle Macarons und kleine, feine Törtchen an. Alle Waren in der Theke sind von ihr selbst gemacht.

Tomomi Sugimotos Törtchen sind kleine Meisterwerke und eigentlich viel zu schade, um aufgegessen zu werden. So kann es passieren, dass Kunden bei ihrem Anblick ein begeistertes »schön« entfährt, manche schießen gar noch schnell ein Foto von der süßen Pracht. Dann stehen sie andächtig vor appetitlich aussehenden Obsttartelettes, bewundern die Windbeutelchen und die Macarons mit Pistazie, Sahnekaramell oder japanischer Zitrone und grübeln, ob sie diese oder ein Schwarzwälder-Kirsch-Törtchen oder ein Stück Biskuitrolle einpacken lassen sollen. Letztere füllt Tomomi Sugimoto klassisch mit Himbeeren und Sahne, aber auch mit einer Creme, die sie aus Sahne und grünem Tee zubereitet – Japan lässt grüßen. Schon als Schülerin hat Tomomi Sugimoto in ihrer Heimatstadt Kobe in einer Konditorei gejobbt. Sie war fasziniert von der Arbeit mit edlen Zutaten, die viel Fingerspitzengefühl und Geduld verlangt. Nach der Schule hat sie eine Ausbildung zur Goldschmiedin gemacht, dann zog es sie in die Backstube. Zunächst in Japan, danach wollte sie bei einem Pâtisseur in Frankreich anheuern. Weil sie keine Aufenthaltsgenehmigung bekam, landete sie in Deutschland, machte eine Konditorenlehre, legte die Gesellen- und Meisterprüfung ab und holte sich im renommierten Hotel Bareiss im Schwarzwald den letzten Schliff. 2012 hat sie in Stuttgart ihr Geschäft eröffnet, dessen Name auf eines ihrer Lieblingsbücher zurückgeht: »Die Häschenschule«, mit der sie Deutsch gelernt hat. An vier Tagen ist Meister Lampe geöffnet, die drei Ruhetage nutzt Tomomi Sugimoto, um frischen Croissant- und Blätterteig herzustellen. In die Theke ihres Ladens, hinter der sie an vier Tagen steht und verkauft, stellt die Konditormeisterin nur Gebäck, das sie selbst mag. »Ich muss meine Produkte lieben«, sagt sie.

Konditorei-Pâtisserie Meister Lampe · Do 12–16.30 Uhr · Fr–Sa 12–17 Uhr · So 13–16 Uhr
Bebelstraße 67 · 70193 Stuttgart · Tel. 0711 63 32 69 22 · www.konditorei-meister-lampe.de
Haltestelle Arndt-/Spittastraße U2, 9

Die Superröhre

Für die meisten Stuttgarter stellt der Tunnel in der Schwabstraße schlicht eine schnelle Verbindung zwischen dem südlichen und dem westlichen Teil der Stadt dar. Doch die Röhre durch den 453 Meter hohen Hasenberg ist eine Besonderheit.

Rund eine Million Ziegelsteine stecken im Gewölbe des Schwabtunnels, den Carl Kölle ab 1894 im Auftrag des Gemeinderats errichtet hat. Zwei Jahre später eröffnete König Wilhelm II. das 300 000 Reichsmark teure Bauwerk. Wenn man den Quellen glauben darf, floss das Freibier an jenem 29. Juni in Strömen. Ja, die Stuttgarter waren stolz auf die Röhre, die nach dem Schriftsteller und Pfarrer Gustav Schwab benannt wurde. Kein Wunder, war sie mit 10,50 Metern doch die breiteste ihrer Art in Europa. Obendrein gilt der 125 Meter lange Tunnel, dessen Portale jeweils ein Löwenkopf ziert, als einer der ersten, durch den jemals eine Straßenbahn gerumpelt ist. Das war im Dezember 1902. Dass der Schwabtunnel zudem der erste ist, der von einem Automobil durchquert wurde, darf man in der Autostadt Stuttgart erwarten. Gar nicht weit entfernt, in der Rotebühlstraße 75 B, hat Robert Bosch im Jahr 1886 eine Hinterhof-Werkstatt gegründet und den Grundstein für einen der weltweit größten Automobilzulieferer gelegt. Von Januar 1944 bis Mitte 1946 war der Weg durch den Schwabtunnel für Straßenbahnen und Autos jedoch versperrt, denn die Stadt hatte beide Portale zumauern lassen. Die Röhre wurde zum Luftschutzraum, in dem bis zu 1500 Menschen Platz fanden. Um möglichst viele Schutzsuchende unterbringen zu können, zog man Zwischendecken aus Holz in das bis zu zehn Meter hohe Gewölbe ein, Spuren davon sind noch zu sehen. Selbst Toiletten gab es im Tunnelbunker. Wem heute nach der Durchquerung der Sinn nach frischer Luft steht, der kann die Treppen an den Portalen hinaufsteigen, dem Wegweiser zur Karlshöhe folgen und den Ausblick genießen.

▶ **Gästen des Biergartens auf der grünen Karlshöhe, Humboldtstraße 44, liegt die Stadt zu Füßen. Er ist während der Saison von 11 bis 24 Uhr geöffnet.**

Schwabtunnel · Schwabstraße · 70199 Stuttgart
Haltestelle Schwabstraße S1, 2, 3, 4, 5, 6, Bus 42, 44

Prächtige Figuren bewachen die Tunnelportale.
In der Röhre des Schwabtunnel fanden im Zweiten Weltkrieg Stuttgarter Bürger Unterschlupf.

Nawras Al Machout schwört auf Seife aus Aleppo.

Die Seife für alle Fälle

Schon lange bevor die Kosmetikindustrie das Duschgel erfand, wusste die Menschheit, wie sie Haut und Haare pflegen kann: mit Seife. Die seit rund tausend Jahren hergestellte Aleppo-Seife beispielsweise ist legendär. Die syrische Familie Al Machout importiert und verkauft sie in verschiedenen Varianten.

Neurodermitis, Ekzeme, Akne, Juckreiz oder Pilzerkrankungen – Nawras Al Machouts Antwort auf diese und andere Hautprobleme ist rechteckig oder würfelförmig, braun-grünlich gefärbt, lagert tonnenweise in einem Lager im Stuttgarter Westen und wird dort sorgfältig geschnitten und verpackt. Trotz aller Widrigkeiten schafft der Syrer es immer wieder, kostbare Seife aus traditionellen Siedereien in Aleppo nach Stuttgart zu exportieren. Mitte der 1980er-Jahre ist Nawras Al Machout nach Deutschland gekommen, wo er eigentlich in Berlin studieren wollte. Doch einiges lief schief mit Visum und Aufenthaltsgenehmigungen. Und so landete der Mann, der gerne singt, die Laute spielt und trommelt, in Stuttgart, arbeitete in der Gastronomie und heiratete eine Schwäbin. Al Machouts Ehefrau war es, die ihren Gatten bei einem Besuch in der alten Heimat auf die Idee brachte, die aus Oliven- und Lorbeeröl hergestellte Aleppo-Seife unter das deutsche Volk zu bringen. Das tat er dann auch, anfangs in eher bescheidenem Rahmen. »Wir haben damals pro Woche ein Stück verkauft«, erinnert sich der Geschäftsmann. Mittlerweile kann die Familie vom Verkauf der Seife leben. Nawras Al Machout schwört auf das Produkt, das er in seinem Laden in verschiedenen Variationen anbietet. Das Öl des als heilig verehrten Olivenbaums ist eine der Hauptzutaten, außerdem mal mehr, mal weniger antiseptisch wirkendes Lorbeeröl. Manche Seifen enthalten Salz aus dem Toten Meer, andere Safran, was die Faltenbildung verzögern soll, oder Schwarzkümmel, ein natürliches Antibiotikum. Ob bei Insektenstichen, Akne oder zur Mottenabwehr, mit Aleppo-Seife liege man nie falsch, sagt Al Machout und fügt hinzu, das Produkt sei obendrein sehr ergiebig: Die Seife, behauptet er, halte länger »als jede frische Beziehung«.

Zhenobya · Mo–Do 10–17.30 Uhr · Fr 10–13 und 15–17.30 Uhr · Johannesstraße 60
70176 Stuttgart · Tel. 0711 50 44 23 89 · www.zhenobya.de
Haltestelle Rosenberg-/Johannesstraße Bus 41, 42

Unverpackt ist besser: In Jens-Peter Wedlichs Laden werden Lebensmittel gezapft.

Shoppen ohne schlechtes Gewissen

Der Name passt perfekt: Schüttgut haben Claudia und Jens-Peter Wedlich ihren Laden im Westen getauft. Dort füllen die Kunden die Ware aus Schütten in mitgebrachte Behälter ab und tun damit etwas Gutes: Sie ersparen der Umwelt jede Menge Verpackungsmüll.

Hopplahopp-Einkäufer sind bei Schüttgut am falschen Platz. In dem gut 50 Quadratmeter großen Laden, in dem Jens-Peter und Claudia Wedlich nachhaltige und unverpackte Waren anbieten, ist entschleunigtes Shoppen angesagt. Denn anders als im Supermarkt stehen die Lebensmittel nicht fertig verpackt und griffbereit im Regal, sondern sie lagern in großen Behältern, die an der Wand befestigt sind. Wer sich eine Portion Linsen oder Hirse, Sojabrocken, Cornflakes oder Pinienkerne abfüllen möchte, zieht am Griff des jeweiligen Behälters und schon rieselt das gewünschte Lebensmittel in das daruntergehaltene Gefäß. Letzteres wiegt der Kunde ab, bevor er loslegt – das ermittelte Gewicht wird am Schluss an der Kasse abgezogen. Für Spontaneinkäufer, die keine Behälter mitgebracht haben, hat Schüttgut Weißblechdosen, Flaschen oder aus feiner Biobaumwolle genähte Beutel im Angebot, in welche die Ware gefüllt werden kann. Essig und Öl, Wasch- und Spülmittel gibt es vom Zapfhahn, außerdem bieten die Wedlichs Milch, Joghurt, Sahne, Marmelade und Säfte aus heimischer Produktion in Glasverpackung an. Statt Duschgel und Shampoo in Kunststoffbehältern können die Kunden unverpackte Seifen für Haut und Haar kaufen. Außerdem im Angebot: Brot, Käse und eine Auswahl an Obst und Gemüse. Tomaten und Paprika im Dezember – das komme bei Schüttgut nicht in die Papiertüte, versichert Jens-Peter Wedlich. Viele Jahre war er in der Chemieindustrie tätig, hat Schweröl an Industriekunden verkauft. Er komme von der dunklen Seite der Macht, scherzt der Kaufmann und Meeresfan, der bei Greenpeace aktiv ist. Dem Geschäft mit den »schwarzen Produkten« hat er Adieu gesagt und genießt es nun, Menschen dabei zu helfen, einen kleinen Schritt zu gehen – auf dem Weg zu weniger Wegwerfverpackungen.

Schüttgut · Mo–Fr 10–18 Uhr · Sa 8–14 Uhr · Vogelsangstraße 51 · 70197 Stuttgart
Tel. 0711 23 09 68 75 · www.schuettgut-stuttgart.de · Haltestelle Arndt-/Spittastraße U2, 9

Fische, Widderköpfe und dralle Knaben: Die Knospstraße bietet viele schöne Details.
Das ehemalige Zuchthaus dient heute als Wohngebäude.

Ein Auftakt mit Arkaden

Die Knospstraße beginnt mit einem großen Auftritt: Die Gebäude 1 und 2 warten mit prächtigen Arkaden auf. Reich verzierte Säulen mit Widderköpfen und Fischen, an den Wänden ranken in Stein gehauene Girlanden und vergnügen sich dralle Knaben. Ein Hingucker. Sophie Knosp hat die »Knospsche Siedlung« 1902 als Privatstraße bauen lassen. Sie war die Witwe des Farbenfabrikanten Rudolph Knosp, dessen Firma 1873 mit der badischen Anilin- und Sodafabrik (BASF) fusionierte. Wie groß das Knospsche Vermögen war, verdeutlicht eine Spende: 1895 stiftete Sophie Knosp zwei Millionen Mark zum Bau eines Heimes für Wiedergenesende, das heutige Rudolph-Sophien-Stift, das psychisch erkrankten Menschen hilft.

Knospstraße · 70178 Stuttgart · Haltestelle Feuersee S1, 2, 3, 4, 5, 6, 60 · Bus 41, 43, 44, 92

Wohnen im Ex-Knast

Wer Mitte des 19. Jahrhunderts in dieses Sandsteingebäude zog, kam so schnell nicht mehr heraus. Denn der Bau im Stuttgarter Westen, den man durch den Torbogen am Haus Senefelderstraße 45 erreicht, diente als Zuchthaus und stand zur Zeit seiner Erbauung allein auf weiter Flur, ein gutes Stück entfernt von der Stadt. Männliche Häftlinge mit dem Urteil »lebenslänglich« wurden hier einquartiert und mussten zur Strafe arbeiten. Mehrere Insassen des Gefängnisses sind an diesem Standort hingerichtet worden. Im Jahr 1900 wurden Teile des Gefängnisbaus, beispielsweise der Trakt mit den Zellen, abgerissen. Übrig geblieben sind der Zentral- und Verwaltungsbau, wo heute Wohnungen für unbescholtene Bürger untergebracht sind.

Senefelderstraße 45 a/b/c · 70176 Stuttgart · Haltestelle Schloss-/Johannesstraße U2, 9

Paradiesischer Weg, Panoramablick inklusive

»Blauer Weg« – so hat der Autor Hanns-Josef Ortheil sein Tagebuch über die Zeit nach dem Fall der Mauer und die Wendejahre genannt. Und mit dem Titel einem Ort in Stuttgart ein literarisches Denkmal gesetzt. Ortheils Wohn- und Rückzugsort, das »Gartenhaus«, befindet sich am tatsächlich existierenden Blauen Weg.

»Wer mich besuchen will, erreicht mich nur über einen schmalen, sich auf halber Höhe über dem Stuttgarter Tal entlangwindenden Fußweg, der früher die schrägen Weinberge durchschnitt. Es ist ein verborgener, paradiesischer Weg, von dem man sagt, dass er geradewegs ins Blau führt, ins Blau der Ferne, des Meeres oder des Südens.« Geradezu euphorisch beschreibt Hanns-Josef Ortheil in seinem Buch »Blauer Weg«, das im Jahr 1989 beginnt, seinen Wohnort am Blauen Weg, einer Spazierstrecke, die entlang des Südhangs des Hasenbergs durch ehemalige Weinberge, Obstgärten und Wald führt. Sein Domizil, ein kleines Ziegelsteinhaus unweit des Waldes, in einem weitläufigen Garten, erinnert den Autor an das Haus seiner Kindheit im Westerwald. Ortheil bezeichnet es als Urbild eines Traums, bei dessen Anblick ihm klar geworden sei, »dass ich genau hier und sonst nirgends wohnen wollte«. Und so ist es gekommen. Das Häuschen am Blauen Weg sollte Ortheils Rückzugsort werden, seine Fluchtburg, wie er es nennt. Der Platz, an den er nach den vielen im Buch beschriebenen Reisen und Begegnungen zurückkehrte, um das Erlebte zu verarbeiten und zu durchdenken. Seinen Namen verdankt der Blaue Weg seiner Beschilderung, die einen blauen Strich auf weißem Grund zeigt. Er zweigt von der Hasenbergsteige ab, einer Wohnstraße mit prächtigen Villen und einer Steigung von bis zu 14 Prozent. Ein weiterer Zugang ist über die Treppen am Ende der Heslacher Hasenstraße möglich. Hat man den Aufstieg bewältigt, kann man danach nahezu eben entlang der Bergkante spazieren.

▶ **Das Café Schurr in der Böblinger Straße 85 verkauft Kuchen und Torten, Pralinen und Eis aus eigener Herstellung.**

Blauer Weg · Zugang über Hasenbergsteige (1) oder Hasenstraße (2) · 70199 Stuttgart
Haltestelle Schwab-/Reinsburgstraße (1) Bus 42, 92 oder Bihlplatz (2) U1, 14

Der Blick vom Blauen Weg auf den Stadtteil Heslach
Wer zum Blauen Weg hinaufsteigt, braucht etwas Puste.

Selbst für den Fernsehturm hat Manfred Schmidt einen gehäkelten Überzieher auf Lager.

Omas kunterbunte Wollwelt

Maschen für alle Lebenslagen gibt es in Manfred Schmidts Lädchen Oma Schmidts Masche. Wer sich umschaut, merkt schnell: man kann fast alles häkeln oder stricken, wenn man es kann. Sämtliche Produkte sind in Deutschland hergestellt – von fleißigen Omas.

Ob Stofftier, Handytäschchen, Schal oder Schlüsselanhänger in Brezelform – jede der 30 Omas, die ihre Strick- und Häkelnadeln im Auftrag von Manfred Schmidt tanzen lässt, ist eine Expertin auf ihrem Gebiet. In der Herzogstraße verkauft der Stuttgarter neben pfiffigen gehäkelten und gestrickten Produkten auch qualitativ hochwertige Wolle. Das nötige Wissen, um die Kundschaft gut zu beraten, steuert er gratis bei. Eigentlich ist Manfred Schmidt Architekt, doch er träumte lange davon, etwas Eigenes zu machen. Auf die Idee zu »Oma Schmidts Masche« ist er nach dem Tod seines Vaters gekommen. Dessen Mutter, seine Oma, hatte den Enkel mit unzähligen Handarbeiten beschenkt, als Trostpflaster für ihn und ein Stück Trauerarbeit für sich selbst. Irgendwann habe er nicht mehr gewusst, wohin damit, erinnert sich Schmidt, der fand, dass die Sachen, in denen so viel Arbeit steckte, nicht in einer Schublade verschwinden sollten. So kam er auf den Gedanken, erst einen Onlineshop und später ein Ladengeschäft in Stuttgart zu eröffnen und Handarbeiten, aber auch das nötige Zubehör für Selbststricker und -häkler zu verkaufen. Seine Großmutter war die Oma der ersten Stunde, nach und nach kamen mehr Helferinnen hinzu, die mit viel Freude Produkte produzieren, die so gar nicht dem Klischee entsprechen, das vielen beim Wort Handarbeiten vorschwebt. Topflappen mit dem Logo des VfB Stuttgart, gehäkelte Tiertrophäen für die Wand oder pflegeleichte Häkel-Zimmerpflanzen für das Fensterbrett, ja selbst Sitzhocker oder ein Holzmodell des Fernsehturms kommen schick bestrickt groß heraus. Produziert wird nicht nur für Privatkunden, sondern auch im Auftrag von Firmen – und zwar alles, was gehäkelt oder gestrickt werden kann. Denn in Herausforderungen »außer der Masche« lässt sich Manfred Schmidt besonders gerne verstricken.

Oma Schmidts Masche · Di–Fr 11–13 und 16–19 Uhr · Sa 10–16 Uhr · Herzogstraße 4
70176 Stuttgart · www.omaschmidtsmasche.de
Haltestelle Feuersee S1, 2, 3, 4, 5, 6, 60, Bus 41, 43, 44, 92

Ab in die Wildnis

Hinter dem Gartentor beginnt der Großstadtdschungel: An der Klüpfelstraße wartet ein rund 4000 Quadratmeter großes Stück Natur darauf, von Kindern entdeckt und erobert zu werden. Die Stadt Stuttgart hat hier eine ehemalige Kleingartenanlage zur Kinderwildnis erklärt.

Grün ist rar im Stuttgarter Westen. Stattdessen dominiert in diesem Stadtteil die Farbe Grau. Denn der Bezirk gilt als eines der am dichtesten besiedelten und bebauten Wohngebiete in Deutschland. Für junge Stuttgarter gibt es dort also kaum Platz, um all das zu tun, was Kinder gerne machen: über Wiesen toben, auf Bäume klettern, Lager bauen, Versteck spielen, Tiere beobachten, Gemüse pflanzen oder Stockbrot über offenem Feuer zubereiten. Weil die in der ganzen Stadt verfügbaren, meist ordentlich gepflasterten Spielplätze mit Sandkasten, Rutsche und Schaukelgestell kein Ersatz für das Spielen in der Natur sein können, hat die Stadt Stuttgart eine rund 0,4 Hektar große, am Hang gelegene Kleingartenanlage vor wenigen Jahren in einen Naturerfahrungsraum umgewandelt. Nun heißt es dort: willkommen im wilden Westen. In der Kinderwildnis Klüpfelstraße unweit des Hölderlinplatzes können Kinder bis zum Alter von zwölf Jahren Natur pur erleben. Auf dem Gelände gibt es Wiesen und Streuobstbäume, einen Teich und eine Grillstelle, einen Aussichtsturm, eine Naturbaustelle mit Material zum Bauen und Matschen sowie jede Menge Raum für Entdeckungstouren und Bastelaktionen. Bei Tageslicht ist das Paradies für Kinder und Begleitpersonen das ganze Jahr über frei zugänglich, der Eintritt zur Kinderwildnis ist kostenlos. Regelmäßig veranstalten Organisationen wie der Naturschutzbund oder die Naturfreunde Programme. Da werden Fledermaushäuser und Insektenhotels gebastelt, Naturrallyes organisiert, Tomaten gezüchtet oder Marmelade gekocht und in lauen Sommernächten sogar unter freiem Himmel am Lagerfeuer übernachtet. Für die Teilnahme an diesen Aktivitäten zahlen Kinder einen kleinen Obolus.

Kinderwildnis gegenüber Klüpfelstraße 10 · Mo–So so lange es hell ist · 70193 Stuttgart
www.stadtstuttgart.org · Haltestelle Hölderlinplatz U4, 24 · Bus 40

Die Kinderwildnis bietet Großstadtkindern viel Platz zum Toben.
Die Kleingartenanlage ist zur Kinderwildnis geworden.

Timi, der Barbier, hat schon manchen Kunden zur Nassrasur bekehrt.
Im Barbierladen erwartet die Kunden ein Wohlfühlprogramm.

TIMI
— DER BARBIER —

Der Barbier von Stuttgart

Früher hat Shpëtim Osmani bei einem Damenfriseur gearbeitet – und festgestellt: Das ist nicht mein Ding. Als Timi, der Barbier, kümmert er sich nun ausschließlich um die Kopf- und Barthaare seiner Geschlechtsgenossen. Die nehmen für einen Termin bis zu acht Wochen Wartezeit in Kauf.

Shpëtim Osmani, der sich Timi nennt, weiß, was Männer wollen. Im Schaufenster seines Barbiergeschäfts kreisen Boxhandschuhe, im Laden selbst, der im 1960er-Jahre-Look eingerichtet ist, herrscht angenehme Stille. »Manchmal erlebe ich hier Momente, da sind acht Männer im Laden, und man hört keinen Ton«, sagt Osmani. Die Ruhe wird allenfalls durch leises Scherenklappern und das Bimmeln eines alten Bakelit-Telefons gestört. Der Apparat klingelt häufig, und wenn Timi drangeht, muss er die Anrufer meist vertrösten: Bis zu acht Wochen dauert die Wartezeit auf einen Termin für einen Haarschnitt oder eine klassische Nassrasur. Doch wer Glück hat und flexibel ist, kann unter Umständen einen kurzfristigen Termin ergattern, wenn ein anderer Kunde absagt. Das Barbierhandwerk hat Shpëtim Osmani von der Pike auf gelernt – bei seinem Onkel im Kosovo. Ende der 1990er-Jahre ist er als Kriegsflüchtling nach Stuttgart gekommen, seit 2013 verwöhnt er seine männlichen Kunden im eigenen Laden; häufig mit einer Nassrasur. Das Wohlfühlprogramm beginnt mit einem feucht-warmen Handtuch im Gesicht, das die Poren öffnet und die Barthaare weicher macht. Dann kommt ein feiner Dachshaarpinsel ins Spiel, gefolgt von einem scharfen Rasiermesser. Dass Osmani auch Ohr- und Nasenhaare ohne viel Aufsehen entfernt, versteht sich von selbst. Eine kalte Kompresse mit frischen Düften wie Zitrone oder Lavendel ist die Krönung der Rasur, danach greift Shpëtim Osmani zu Fläschchen und Tuben, deren Etiketten wie zu Großvaters Zeiten aussehen. Männer mögen solche klassischen Düfte, die Erinnerungen wecken, sagt Osmani, der mit hilfreichen Tipps schon so manchen Kunden veranlasst hat, seinen Elektrorasierer auszumustern und wieder auf die Nassrasur umzusteigen.

Timi der Barbier · Mo–Fr 10–19 Uhr · Sa 9–14 Uhr · Termin nach Absprache · Ludwig-Pfau-Straße 8
70176 Stuttgart · Tel. 0711 50 47 62 52 · www.timi-der-barbier.de
Haltestelle Rosenberg-/Seidenstraße, Stadtbahn U4 · Bus 41, 42, 43

Lokalgeschichte gegen den Strich gebürstet

Auferstanden aus einer Ruine – so lässt sich die Geschichte des MUSE-O im Stuttgarter Osten zusammenfassen. Das Museum, das ein rühriger Verein betreut, gehört zu den wenigen, die sich speziell mit der Geschichte eines Stadtbezirks beschäftigen.

Ein verblasster Schriftzug an einer Hausfassade, ein altes Foto oder der Firmenstempel eines nicht mehr existierenden Unternehmens reichen manchmal aus, um die Neugier zu wecken. Dann legt das Rechercheteam des Museumsvereins Ost los – und die Geburtsstunde einer neuen Ausstellung im MUSE-O schlägt. Das im Jahr 2005 eröffnete Museum ist eine hart erkämpfte Kultureinrichtung mit Café. Ursprünglich diente das Gebäude als Schulhaus des Stadtteils Gablenberg, das jahrelang leer stand und zerfiel, bis sein Abriss drohte. Da trat der Museumsverein auf den Plan – mit der Idee, im Alten Schulhaus ein Stadtbezirksmuseum einzurichten. 500 000 D-Mark haben die Vereinsmitglieder zu der insgesamt 1,7 Millionen D-Mark teuren Sanierung damals beigesteuert, ein echter Kraftakt für die rund 100 Mitglieder, die beispielsweise ehrenamtlich auf der Baustelle schufteten. Weil das Museum über keine eigene Sammlung verfügt, kann und muss es sich stets ein Stück weit neu erfinden. Zwei der drei Ausstellungen pro Jahr beschäftigen sich speziell mit der Geschichte des Stuttgarter Bezirks Ost, der heute rund 50 000 Bewohner hat. Einen Teil der Exponate, der Erinnerungen und Geschichten steuern stets auch Bürger bei. »Wir suchen immer einen ungewöhnlichen Zugang«, sagt der Kurator und Historiker Ulrich Gohl über die Ausstellungen, die Themen würden »gegen den Strich gebürstet« und auch unangenehme Aspekte der Lokalgeschichte nicht ausgeblendet. Flankierend zu den Ausstellungen bietet das MUSE-O Vorträge, Führungen und Exkursionen, bei denen auch ganz junge Besucher berücksichtigt werden. In den Sommermonaten lädt der Museumsverein regelmäßig zur »Biep-Schau«: Dann kann man auf einer großen Leinwand beobachten, was die am Schulhaus brütenden Mauersegler-Familien in ihren Nestern treiben.

Stadtteilmuseum MUSE-O · Sa+So 14–18 Uhr · Gablenberger Hauptstraße 130 · 70186 Stuttgart
www.muse-o.de · Haltestelle Gablenberg, Bus 42, 45.

Vom Modelleisenbahnzubehör bis zum Bier: alles »Made in Stuttgart-Ost«
Die Exponate im MUSE-O stammen oft aus dem Fundus von Bürgern.

Heiko Blocher ist der Schwarzmahler.
Die fröhliche Kaffeebohne verspricht faire Ware.

Tiefschwarze Mission

Das Leben ist zu kurz für grausamen Kaffee, findet Heiko Blocher. Weil er kein Produkt gefunden hat, das seinen geschmacklichen und weltanschaulichen Ansprüchen genügte, importiert, röstet und verkauft er Kaffee unter dem Namen Schwarzmahler nun selbst.

Mit Kaffee beschäftigt sich Heiko Blocher seit vielen Jahren. Er hat die verschiedenen Arten der Zubereitung und unterschiedliche Geräte getestet. Irgendwann, sagt er, sei ihm die Erleuchtung gekommen: Es braucht guten Kaffee, um guten Kaffee zu brauen. Doch das saubere und ehrliche Produkt, das ihm vorschwebte, fand er nirgends. Blochers Motto: »Wir trinken schwarz, bis es etwas Dunkleres gibt.« Seine Spezialität sind sehr dunkle Röstungen, deren Geschmack an Schokolade erinnert. Die bevorzugte Sorte des Sozialpädagogen und Betriebswirtschaftlers ist die edle Arabicabohne, die erst ab rund 1600 Höhenmetern wächst. Den Rohkaffee für seine Marke Schwarzmahler, deren Logo eine Krähe mit Kaffeebohne im Schnabel zeigt, bezieht Heiko Blocher fast ausschließlich aus Ecuador. Und zwar nur von Kollektiven und Kooperativen, weil diese seiner Ansicht nach größtmögliche demokratische Strukturen fördern. Durch den direkten Handel wird der Kaffeeanbau für die Erzeuger wieder lukrativ. Das sei auch für die Umwelt gut, denn die Kooperativen wehrten sich gegen die Zerstörung der Natur durch den Abbau von Kupfer in Minen, erzählt Blocher. Die Kaffeeerzeuger produzieren ökologisch nachhaltig, und sie erhalten einen Garantiepreis, der höher liegt als jener im fairen Handel. Seine Bohnen lässt Heiko Blocher von der Hamburger Firma Quijote-Kaffee rösten. In seinem kleinen Café im Stuttgarter Osten verkauft und serviert er die Sorten »Pechschwarz«, »Heimat« und »Deliver«, allesamt aus Arabica-Bohnen, sowie die Mischung »Bertone & Luigi«. Dabei nimmt er sich viel Zeit für seine Kunden. Und weil seine in einer neapolitanischen Manufaktur hergestellte Maschine den besten Kaffee ausspuckt, wenn er mit ihr zwei Portionen zubereitet, muss bei ihm nie ein Gast alleine trinken.

Schwarzmahler · Mi und Fr 18–21 Uhr · jeden 2. Sa 10–14 Uhr · Raitelsbergstraße 54
70188 Stuttgart · Tel. 0711 87 87 79 64 · www.schwarzmahler.de
Haltestelle Ostendplatz U4, Bus 42, 45

58 Das Paradies liegt in Gablenberg

Der Weg in die Petruskirche führt durchs Paradies: So heißt die Vorhalle, in der man nach dem Schritt durchs Portal steht, vor sich zwei schöne Jugendstil-Holztüren mit Bleiglasfenstern. Wer dahinter die Kirchenhalle vermutet, irrt. Die linke Tür öffnet sich zum Gemeindesaal, die rechte führt zur Damentoilette.

Über eines der beiden spiegelbildlich konstruierten Treppenhäuser rechts und links des Paradieses geht es in die Halle der Petruskirche. Dadurch, dass die Halle in den ersten Stock verlegt und gedreht wurde – sie steht senkrecht zur Gablenberger Hauptstraße –, ließ sich ausreichend Platz für die Kirchenbesucher schaffen, deren Zahl zum Ende des 19. Jahrhunderts stark anstieg. Anders wäre das auf dem Gelände, das in zwei Richtungen ansteigt, nicht möglich gewesen – und die Gablenberger wollten diesen Standort, an dem zuvor ein Dorfkirchlein und noch früher eine Kapelle gestanden hatte, unbedingt beibehalten. Bis zu 700 Menschen fasst der neugotische Kirchenraum, der Reste der ursprünglichen Bemalung zeigt. So ist der rote Sandsteinbogen zum Chor mit stilisiertem Eichenlaub bemalt, auf seiner Spitze findet sich eine Szene der Kreuzigung Jesu. Die Vertreibung von Adam und Eva aus dem Paradies wurde nach den Zerstörungen im Zweiten Weltkrieg nicht erneuert, ebenso wenig wie die einst flächigen Malereien an den Wänden und dem Kirchendach. Stattdessen hat man eine schlichte Holzdecke eingezogen, die zwar manchen an eine Tonne erinnert, aber Geborgenheit ausstrahlt. Mit seinen 67,4 Metern soll der Turm der Petruskirche der höchste Stuttgarter Kirchturm sein. Und in den Vitrinen im südlichen Treppenhaus verbergen sich Hinweise auf Geschichten, die neugierig machen: In der einen stehen zwei zinnerne Abendmahlskannen, 1790 von einem Weingärtner-Ehepaar gestiftet, die lange Zeit verschwunden waren. 1982 wurden sie auf einem Antiquitätenmarkt entdeckt und mit Spenden von Bürgern zurückgekauft. Eine Matthäusfigur aus Terrakotta stammt aus dem 17. Jahrhundert und wurde in den 1980er-Jahren gestohlen und später wiedergefunden.

Petruskirche · Gablenberger Hauptstraße 60 · 70186 Stuttgart · Tel. 0711 46 25 71
www.petruskirchengemeinde.de · Haltestelle Libanonstraße, Bus 42, 45

Der Weg in das Kirchenschiff der Petruskirche führt durch das Paradies.

Nach jahrelangem Dornröschenschlaf soll die Villa Berg restauriert werden.
Einige Grabsteine im Park sind Überbleibsel des alten Friedhofs von Berg.

Stuttgarts schönes Sorgenkind

Vom Königskind zum Aschenputtel – so ließe sich die Karriere der Villa Berg beschreiben. Ursprünglich als Landhaus des Königspaars Olga und Karl I. gebaut, hat das Gebäude als Lazarett, Kunstgalerie und Sendesaal einer Rundfunkanstalt gedient. Nach langem Leerstand und Verfall soll das Kleinod restauriert werden.

Ein hoher Bauzaun hält seit Jahren Neugierige auf Distanz zu der Villa, die einst als Sommerresidenz von König Karl I. und seiner Frau, der russischen Großfürstin Olga, diente. Es wird wohl noch eine Weile dauern, bis das herrschaftliche Landhaus wieder instandgesetzt ist und genutzt werden kann. Immerhin hat die Stadt Stuttgart das Gebäude, das sie bereits im Jahr 1913 von Königin Olgas Erben erworben, aber später im Rahmen eines Tauschgeschäfts an den Süddeutschen Rundfunk abgegeben hatte, im Jahr 2016 nach langem Hin und Her zurückgekauft und das Trauerspiel um das zerbröselnde Landhaus beendet. Um das ab 1845 im Stil der italienischen Renaissance gebaute herrschaftliche Domizil wurde ein typisch englischer Landschaftsgarten angelegt, von dem aber nicht viel übrig geblieben ist. Doch im verwunschen wirkenden Park der Villa gibt es viele schöne alte Bäume, im Frühjahr erblüht eine Krokuswiese zu voller Pracht. Ein überraschender Anblick bietet sich beim Parkeingang an der Rudolfstraße: Mehrere alte Grabsteine stehen dort etwas verloren auf der Wiese. In gutem Zustand ist derjenige des Gründers der Maschinenfabrik Kuhn, Gotthilf Kuhn, der von 1819 bis 1890 lebte, ein erfolgreicher Fabrikant von Dampfmaschinen, Hersteller von Springbrunnen, Straßenlaternen und Kanaldeckeln aus Eisenguss. Wie gelangt sein Grabstein zusammen mit einem guten Dutzend anderer in die Grünanlage? Ganz einfach: Bis gegen Ende des 19. Jahrhunderts grenzte der alte Friedhof des Stadtteils Berg an den Park der Villa Berg, die Grabsteine sind die letzten Überreste aus dieser Zeit.

▶ **Das Lokal Buschpilot (Karl-Schurz-Straße 28 c) liegt im Park der Villa Berg und serviert im Grünen Hausmannskost.**

Villa Berg mit Park · Zugang beispielsweise über Sickstraße · 70190 Stuttgart
Haltestelle Bergfriedhof U4, 9

60 Bitte eine Etage höher

Auffallend und immer eine Etage höher: Wer sich bei Ka-Rio-Ka & Chamäleon HighHeels einkleidet, verschwindet garantiert nicht in der Menge. Die Brasilianerin Marilda Philipp designt und näht aus ungewöhnlichen Stoffen besondere, aber alltagstaugliche Kleider: farbenfroh gemustert oder schwarz-weiß, Seide oder Neopren, Dirndl mit Goldhirsch – allesamt Einzelstücke. Elke Hertig lässt in Manufakturen in Italien und Spanien Highheels in kleinen Stückzahlen fertigen. Sie variiert Farbe und Material von deren Grundform zu bequemen Sandaletten, Pumps oder Peeptoes. Ergänzend gibt es Accessoires wie trendige Taschen – und für Männer Unterwäsche.

Ka-Rio-Ka & Chamäleon HighHeels · Di, Do, Fr 11–19 Uhr · Sa 10–14 Uhr
Gablenberger Hauptstraße 83 · 70186 Stuttgart · Tel. 0172 742 73 06
www.ka-rio-ka.com · Haltestelle Libanonstraße, Bus 42, 45

61 Herrgottsbscheißerle nach Omas Spezialrezept

Maultaschen sind ein schwäbisches Heiligtum, ebenso wie der dazugehörige Kartoffelsalat. Elke Klein macht in Klein's 1. Maultaschenhäusle seit mehr als 20 Jahren beides täglich frisch. Neben konventionellen »Herrgottsbscheißerle« – so genannt, weil sich in den Maultaschen auch am fleischlosen Freitag allerhand verstecken lässt – serviert sie an zwei Wochentagen eine vegetarische Variante. Elke Klein stellt ihre Maultaschen, die schon zu den besten Stuttgarts gekürt wurden, nach einem Rezept ihrer Oma her. In ihrem Häuschen an der Gablenberger Hauptstraße kann man die schwäbische Nationalspeise nicht nur kaufen, sondern im kleinen Imbiss auch direkt verspeisen.

Klein's 1. Maultaschenhäusle · Laden Mo–Fr 9–17 Uhr · Mi 9–13 Uhr · Sa 9–12 Uhr
Imbiss Mo–Fr 11–16 Uhr · Mi 11–12.30 Uhr · Tel. 0711 46 32 95 · Gablenberger Hauptstraße 5
70186 Stuttgart · www.maultaschenhaeusle.de · Haltestelle Wagenburgstraße Bus 40, 42

Wer in Elke Hertigs Schuhe schlüpft, verschwindet garantiert nicht in der Menge.
Elke Klein zaubert aus Nudelteig und anderen Zutaten köstliche Maultaschen.

Ralf Jaekel nimmt die Füße seiner Kunden genau in Augenschein.
Fast wie im Museum: alte Blechdosen im Laden

Zeigt her eure Haxen

Gerissene Schnürsenkel, abgelaufene Sohlen oder schmerzende Füße – Ralf Jaekel hat in seinem wunderbar altmodisch eingerichteten Schuhmachergeschäft für alle Probleme rund um den Schuh eine Lösung. Selbst die, die sich Maßschuhe in ihrer Lieblingsfarbe anfertigen lassen wollen, sind hier richtig.

Wer über die Schwelle von Meister Jaekels Schuhmachergeschäft in der Neckarstraße tritt, ist automatisch mit dem Chef per Du. Ob der Kunde Student oder Rentner, gut oder schlecht bei Kasse ist, ob er neue Sohlen oder eine orthopädische Einlage für schmerzende Füße braucht, ob er sich gar ein Paar edle Schuhe nach Maß gönnen will, macht für Ralf Jaekel keinen Unterschied. Im Gegenteil: Finanzkräftige Kunden, die eine Sonderbehandlung erwarten, sind definitiv auf dem Holzweg. Wer nur ein Paar Schnürsenkel oder einen neuen Absatz braucht, ist schnell wieder draußen aus dem Geschäft, in dem es nach Leder und Schuhwichse riecht und alte Blechschilder für »enorm haltbare Absätze« werben. Alle anderen nehmen gegenüber der antiken Ladenkasse auf einem leicht abgewetzten dunkelblauen Sofa Platz, das unter einer Deckenmalerei mit zwei Englein steht. Dann heißt es warten, bis der Meister kommt und den Weg weist, über den abgetretenen Holzfußboden hinüber zu einem Podest, auf dem erhöht ein Stuhl steht. »Was ist los mit deinen Haxen?«, fragt Meister Jaekel unverblümt, während der auf dem Thron sitzende Kunde Schuhe und Socken auszieht. Dann nimmt der Maßschuhmacher, der schon als Schulbub wusste, welchen Beruf er erlernen will, des Kunden Füße in Augenschein, macht sich Notizen über Senkfüße und Beckenschiefstände – alles in seiner selbst erfundenen Kurzschrift – und schreibt nieder, wie die orthopädische Einlage oder der nach Maß gefertigte Schuh aussehen muss. Ralf Jaekel hat schon Stars wie José Carreras oder Gina Lollobrigida mit Maßschuhen beglückt, die Namen aktueller Promikunden behält er lieber für sich. Damals wie heute gilt aber die Jaekelsche Regel: Nicht der Kunde mit viel Geld kommt zuerst, sondern der, dem die Füße schmerzen.

Schuhmacherei Jaekel · Mo, Di, Do, Fr 7.30–13 Uhr und 14.30–18, Sa 8–12 Uhr · Neckarstraße 126 70190 Stuttgart · Tel. 0711 26 73 46 · www.meister-jaekel.de · Haltestelle Stöckach U1, 2, 4, 9, 14

Niederländische Verführung

Ein Urlaub in Holland und ein geschmacklich enttäuschender Crêpe auf dem Stuttgarter Volksfest haben Yvonne Möbius und Wasiliki Fotiadou zu ihrem Café inspiriert. Dort servieren sie nun die niederländische Spezialität Poffertjes in allen denkbaren Variationen – mal süß, mal salzig – aber immer lecker.

Etwas größer als ein Zwei-Euro-Stück sind die kleinen, luftig-zarten Pfannkuchen, die in den Niederlanden Poffertjes heißen, in Stuttgart aber als Poffers bekannt sind. Das leicht abgewandelte Wort gehe der deutschen Kundschaft besser über die Lippen, sagt Yvonne Möbius, die das Poffers-Café mit Wasiliki Fotiadou seit Herbst 2014 am Kernerplatz betreibt und dem Quartier und seinen Bewohnern dadurch einen ansprechenden Treffpunkt verschafft hat. Eigentlich, erzählt die Architektin, habe sie nie vorgehabt, in die Gastronomie zu wechseln – sie sei weder eine begeisterte Köchin noch eine passionierte Bäckerin. Doch dann kreuzten die Poffertjes aus Hefeteig, die in einer speziellen Pfanne mit mehreren Vertiefungen auf dem Herd gebacken werden, in Rotterdam ihren Weg. Sie und Wasiliki Fotiadou fanden das Nationalgericht der Niederländer so lecker, dass sie es nicht mehr vergessen haben. Ein »extrem schlechter Crêpe«, den sie an einem Stand auf dem Cannstatter Wasen serviert bekamen, war dann der Auslöser, selbst einen fahrenden Poffertjes-Stand zu konstruieren und die Imbissszene etwas aufzurollen. Im Jahr 2010 sind Wasiliki Fotiadou und Yvonne Möbius zum ersten Mal mit ihrem Poffers-Mobil auf Tour gegangen, mittlerweile sind sie so bekannt, dass selbst der niederländische Honorarkonsul sie alljährlich zum Fest anlässlich des Geburtstags von König Willem-Alexander als Caterer verpflichtet. Gut ein Jahr hat das Duo an einem ultimativen Rezept für die Teigmischung aus Buchweizen- und Weizenmehl getüftelt. Die Poffers mit ihrem leicht nussigen Aroma servieren sie klassisch, mit Butter und Puderzucker, mit Bananen- oder Würstcheneinlage, in Begleitung von selbst gemachtem Apfelmus oder Espressosirup oder mit Bärlauch- oder Karamellsoße.

Poffers-Café · So–Fr 9.30–22 Uhr · Urbanstraße 86 · 70190 Stuttgart · Tel. 0711 220 22 55
www.poffers.de · Haltestelle Staatsgalerie U1, 2, 4, 9, 14, Bus 42

Fröhlich bunt und einladend: Das Poffers-Café ist ein Treffpunkt im Quartier. Das verwendete Buchweizenmehl sorgt für den nussigen Geschmack der Poffertjes.

Das Trojanische Pferd ist eines der größten Rösser in der Stadt.
Einst wurde der hölzerne Gaul als Werbetier eingespannt.

Rösser, Roßbolla und Schusters Rappen

Sieben auf sieben Meter groß und mehrere Tonnen schwer ist das gewaltige hölzerne Pferd auf einer Grünfläche direkt an der Neckarstraße. Die Rollen, auf denen es steht, beweisen, dass dieser Gaul kein original Stuttgarter Rössle ist, sondern ein Trojanisches Pferd, das hier eine zweite Heimat gefunden hat.

Das Pferd, auf Schwäbisch das Rössle, ist in der Landeshauptstadt allgegenwärtig. Kein Wunder, leitet sich doch der Name Stuttgart vom Wort »Stuotgarten« ab und deutet auf die Anfänge als Gestüt. Schon im 13. Jahrhundert trug Stuttgart Pferde in seinem Wappen – und das ist bis heute so geblieben. Das Trojanische Pferd an der Neckarstraße gehört mit seinen sieben Metern Höhe zu den großen Exemplaren und ist in seinem ersten Leben eingespannt worden, um für eine Trojaausstellung im schweizerischen Basel zu werben. Eine an der Neckarstraße ansässige Werbeagentur, deren Logo ein Trojanisches Pferd ist, hat das gewaltige Ross später geschenkt bekommen und mit dem Segen des Bezirksbeirats auf das Gelände gestellt. Dort nutzt nun mancher Passant seine Plattform für eine Verschnaufpause an der ansonsten wenig einladenden, vielbefahrenen Neckarstraße.

Mehr Idylle und Grün hat der Stuttgarter Rössleweg zu bieten, der Spaziergänger rund um die Stadt führt – durch Waldgebiete, durch Obstwiesen und Weinberge. Den 54 Kilometer langen Weg kann man nach Lust und Laune in mehreren Etappen entlangspazieren – die Start- und Endpunkte der einzelnen Abschnitte sind gut mit öffentlichen Verkehrsmitteln erreichbar.

Und nirgendwo anders als in Stuttgart, der Stadt der vielen Pferde(stärken), wäre man vermutlich auf die Idee gekommen, eine Spezialität wie die »Stuagerder Roßbolla« zu kreieren. Diese runden braunen Kugeln werden in Miniatur-Blecheimerchen verkauft und spielen auf ein typisches Endprodukt des Wappentiers, nämlich Pferdeäpfel, an. Dennoch handelt es sich bei den Stuttgarter Rossbollen um feinste Confiserie-Ware mit Nugatfüllung, die man zum Beispiel im Café Nast in der Esslinger Straße 40 kaufen kann.

Trojanisches Pferd · bei Neckarstraße 150 · 70190 Stuttgart · Haltestelle Stöckach U1, 2, 4, 9, 14

Wandeln auf verwunschenen Pfaden

Über die Wangener Höhe kann man bequem auf asphaltierten Wegen spazieren. Oder man entscheidet sich für die abenteuerliche Variante mit schmalen, halb zugewachsenen Pfaden, holprigem Pflaster und krummen Stufen. Denn die Stadt hat hier 14 Kilometer der ehemaligen Wirtschaftswege, »Wandel«, wieder freigelegt.

Rennweg heißt das Sträßchen, das die Wangener Höhe weitgehend eben quert. Es führt an mehr oder weniger gepflegten Grundstücken, von Schwaben liebevoll »Stückle« genannt, und an drei historischen Brunnen vorbei. Auf dieser Strecke hat die landwirtschaftliche Genossenschaft im Jahr 1949 eine Wasserleitung für die Gärten verlegt. Die Rohre konnte sie im Ruhrgebiet erwerben – im Tausch gegen Obst. Parallel zum Rennweg kann man auf dem »Grenzwandel« entlang alter Grenzsteine spazieren oder auf dem Höhenweg mit Blick ins Neckartal. Das Gebiet ist durchzogen von Staffeln und Wandeln, teils mit altem Pflasterbelag. Wer sich auf diese verwunschenen Pfade begibt, sollte einen sicheren Tritt und festes Schuhwerk haben, sie sind oft keinen halben Meter breit und kaum zu sehen. Immer wieder zweigen Sackgassen und Grundstückszugänge ab; ein grünes Symbol mit einem Farnblatt und den Buchstaben »W&W« kennzeichnet öffentliche Wandel. Mehrere Broschüren über die Wandel und Wege auf der Wangener Höhe kann man sich auf der Internetseite der Stadt herunterladen. Neben einer vielfältigen Botanik begegnet man auch der Geschichte. An der Letterlestaffel steht ein Kommandobunker aus dem Zweiten Weltkrieg, unweit davon finden sich eine ehemalige Flakstellung und Reste von Munitions- und Mannschaftsbunkern. Alte Weinberghäuschen dienen heute teilweise als Unterstand, Trockenmauern als Lebensraum für Eidechsen und Insekten. Der schönste Aussichtspunkt ist an der Schillerlinde, die 1905 anlässlich von Schillers hundertstem Todestag gepflanzt wurde. Ein Blitzschlag in den 1960er-Jahren und Zündeleien haben den Baum stark geschädigt, doch aus dem gespaltenen Stamm treiben noch immer Zweige aus. Neben ihm gedeiht ein zweites, jüngeres Exemplar.

Zugang zum Beispiel bei der Michaelskirche Wangen · Im Kirchweinberg 1 · 70327 Stuttgart
www.stuttgart.de/wangener-hoehe.de · Haltestelle Wangen Marktplatz U9, 13

Einer der schönsten Aussichtspunkte der Stadt ist bei der Schillerlinde.
Kleingartenidylle trifft auf Industriegebiet

Stilecht bis ins Detail: Im Theaterkostümhaus gibt es das passende Outfit für fast jede Zeit.

Edler Ritter trifft
Darth Vader

Einmal Sissi sein! Oder ein edler Ritter! Wer träumt nicht davon, zeitweise in eine andere Rolle zu schlüpfen? Das Theaterkostümhaus Wagner in Untertürkheim ist da gerne behilflich. Seit mehr als 100 Jahren verleiht der Familienbetrieb Kostüme und passendes Zubehör – von Engelsflügeln bis hin zur Kanone.

1700 Paar Schuhe, 2000 Perücken, 170 Speere, 450 Schwerter, 88 Kettenhosen, 141 Gewehre, 300 Helme und 60 Hellebarden – das ist nur eine kleine Auswahl dessen, was die Firma Wagner im Laufe der Jahrzehnte in ihrem Fundus angesammelt hat. Im Jahr 1914 hat die Schneiderin Emilie Wagner das Kostümhaus gegründet, das mittlerweile fast 5000 Kostüme sein Eigen nennt. Kunden haben also die Qual der Wahl und müssen sich zwischen Ritter- oder Steinzeitdress, Flower-Power-Outfit oder Haremskostüm, einem Auftritt als Abraham Lincoln, Darth Vader, Donald Duck, Elefant oder Marilyn Monroe entscheiden. Neben Klamotten gibt es bei Wagner auch passendes Zubehör wie Schuhe oder Waffen, Perücken, Bärte, flauschige Hasenohren oder Hüte oder sämtliche Utensilien für einen furchterregenden Auftritt als Vampir. Wer eine Abendgarderobe für den großen Auftritt beim Opernball braucht, wird in Untertürkheim ebenfalls fündig: Ein edles Ballkleid aus Seidenstoff, an dem selbst Kaiserin Sissi ihre Freude

▶ **Hungrig nach der Kostümprobe? Das im Flohmarkt-Stil eingerichtete Burger-Lokal Nachtschicht, Augsburgerstraße 562, bietet Leckeres zwischen zwei Brötchenhälften.**

gehabt hätte, ist hier ebenso erhältlich wie der schwarze Smoking oder der elegante Frack für den Herrn. Obendrein stattet das Theaterkostümhaus die Teilnehmer historischer Festumzüge stilecht aus. Die Palette reicht quer durch die Geschichte der Menschheit, von der Steinzeitgruppe bis in die Zeit der Goldenen Zwanzigerjahre. Damit der Auftritt richtig rund wird, verleiht Wagner auch Zubehör wie Schubkarren oder Kanonen, Trommeln und andere Instrumente – ja, sogar Wildschweine und Rehe sind für kostümierte Jagdgesellschaften erhältlich.

Theaterkostümhaus Wagner · Mo–Fr 10–12 und 15–18 Uhr · Stubaier Straße 39 · 70327 Stuttgart
Tel. 0711 33 10 89 · www.kostuemverleih-wagner.de · Haltestelle Schlotterbeckstraße U13

Himmelfahrt am Kreisverkehr

Man könnte meinen, da hätten eilige Autofahrer in Zuffenhausen zu sehr auf das Gaspedal ihres Flitzers gedrückt und die Schwerkraft ausgehebelt. Tatsächlich aber hat eine Spezialfirma die drei Porsche auf gut 20 Meter Höhe über dem Kreisverkehr gehievt, wo sie nun, an Stahlstelen befestigt, weithin sichtbar für die Edelmarke werben.

Schnell, leicht, stark und aerodynamisch konstruiert – mit diesen Eigenschaften wirbt Porsche für seine Sportwagen. Der britische Künstler Gerry Judah hat eine gigantische Skulptur geschaffen, die auf dem Kreisverkehr am Stammsitz der Firma in Zuffenhausen steht und die Merkmale ihres Produkts veranschaulicht. Die drei Porsche 911, die an der Spitze von bis zu 24 Meter hohen Stelen befestigt sind, sehen aus, als wären sie auf Stahlträgern fast senkrecht in die Luft gefahren und bei ihrer spektakulären Himmelfahrt nur durch das Ende der Stelen gestoppt worden. Ein F-Modell aus dem Jahr 1970, ein G-Modell Baujahr 1981 und ein im Jahr 2015 neu auf den Markt gekommenes Modell hat Judah an ihren Platz in luftiger Höhe verfrachten lassen. Sie symbolisieren die drei Werke in Weissach, Leipzig und Zuffenhausen. Bereits im Jahr 2013 sind mit Gerry Judahs Hilfe mehrere Porsche-Modelle in die Luft gegangen. Anlässlich einer Motorsportveranstaltung im südenglischen Goodwood hatte der Brite, der schon Modelle von Ford, Ferrari, Jaguar und Mercedes Benz zu Kunst verarbeitet hat, eine ganz ähnliche Skulptur erschaffen. Das auf dem Porscheplatz stehende Kunstwerk dient auch als Wegweiser für die Besucher des nebenan gelegenen Porsche-Museums. Das im Jahr 2009 eröffnete Haus kann in Sachen spektakuläres Aussehen mit der Skulptur mithalten. Das Wiener Büro Delugan Meissl hat das Gebäude mit seinem 5600 Quadratmeter großen Ausstellungsraum so konzipiert, dass es, gestützt durch drei V-förmige Säulen, in der Luft zu schweben scheint. Im Museum warten um die 80 Fahrzeugikonen auf die Besucher. Diese erfahren auf einer riesigen interaktiven Touchwall Wissenswertes über 90 Jahre Automobilgeschichte sowie über Ferdinand Porsche und seine »Idee Porsche«.

Porscheskulptur · Di–So 9–18 Uhr (Museum) · Porscheplatz 1 · 70435 Stuttgart
Tel. 0711 91 12 09 11 · www.porsche.com · Haltestelle Neuwirtshaus/ Porscheplatz S6, 60

Die rund 24 Meter hohe Skulptur beim Porsche-Museum ist nicht zu übersehen.

Eine Brücke als Schönheitskönigin: der La-Ferté-Steg
Der Feuerbach: erst eingedolt, dann wieder hervorgeholt

Das versteckte Dorf

Den Stadtteil Zuffenhausen kennen viele nur durch das Autofenster. Meist im Stau stehend auf der Bundesstraße 10, die den Ort zerschneidet, links und rechts reihen sich Industrie- und Gewerbebauten aneinander. Doch abseits der B 10 gibt es noch ein anderes Zuffenhausen, mit fast dörflichem Charakter.

Die Mühle am Feuerbach, sie klappert zwar nicht mehr, aber sie steht noch – anders als viele andere historische Gebäude des Industriestandorts Zuffenhausen, die im Zweiten Weltkrieg zerstört worden sind. Bis 1979 ist in dem imposanten Bau mit seinem idyllischen Hof Mehl gemahlen worden. Die Fundamente der Mühle gehen bis ins 13. Jahrhundert zurück, nach einem Brand im Jahr 1772 wurde sie wieder errichtet. Der Schlussstein über dem Türportal verrät, von wem: Maria Barbara Binderin und Joseph Binder. Entlang der Steinheimer Straße, die auch als Mühlgasse bekannt ist und an eine Dorfstraße erinnert, stehen einige hübsche alte Häuser. Bis zum Anfang des 20. Jahrhunderts sorgte das Wasser des Feuerbachs dafür, dass sich das Mühlrad drehte. In den 1930er-Jahren ist das Flüsschen begradigt und eingedolt worden, diese Radikalmaßnahme, die sogenannte »Feuerbachverbesserung« galt als Fortschritt. Rund fünfzig Jahre später ist das Gewässer streckenweise wieder ans Tageslicht geholt und renaturiert worden. Rund um die Mühle ist so ein grünes Fleckchen entstanden. Gleich nebenan überbrückt der schwungvoll gekrümmte La-Ferté-Steg die vierspurige Haldenrainstraße und die Trasse der Stadtbahn. Für seine elegante Konstruktion aus Stahlstützen und Beton, die zu schweben scheint, hat Matthias Schüller den Deutschen Brückenbaupreis erhalten. Benannt ist der Steg nach der französischen Gemeinde La Ferté-sous-Jouarre, mit der Zuffenhausen seit 1977 offiziell verpartnert ist. Das macht Zuffenhausen zum einzigen Stadtbezirk mit einer eigenen Städtepartnerschaft. Dass mindestens ein alter Mühlstein aus Kalkstein in der Zuffenhäuser Mühle ausgerechnet aus La Ferté stammt, das einst berühmt für deren Herstellung war, ist reiner Zufall. Oder? Wer weiß.

Mühle Zuffenhausen · Steinheimer Straße 24 · 70435 Stuttgart · Haltestelle Kelterplatz U5, 15

Beklemmende Zeitzeugen

Bunker, Stollen, Luftschutzkeller – im Stadtgebiet sind viele Bauwerke erhalten geblieben, die zu Kriegs- und Krisenzeiten Zuflucht und Schutz geboten haben oder noch bieten sollen. Rund um den Bahnhof Feuerbach sind gleich drei Exemplare zu bestaunen.

Telefonzelle? Litfasssäule? Klohäuschen? Nein, das etwas mehr als mannshohe runde Bauwerk aus Beton, das beim Feuerbacher Bahnhof steht, ist eine Erinnerung an die Zeit des Zweiten Weltkriegs. Der Einmannbunker war als Zufluchtsort bei überraschenden Bombenabwürfen gedacht und war definitiv kein Ort für Menschen, die zu Klaustrophobie neigen. Die sogenannte Splitterschutzzelle, die fest in einer Betonplatte verankert war, bot gerade genug Platz für eine oder notfalls zwei Personen, um aufrecht stehend einen Fliegerangriff abzuwarten. Wenige schmale Schlitze in der Wand dienten als Luftzufuhr. Tausende dieser Einmannbunker hat es damals in Deutschland gegeben; das Modell in Feuerbach gehört zu den wenigen, die erhalten geblieben sind. Ursprünglich hat es in Reutlingen gestanden, nun erinnert es an ein baugleiches Modell, das einst unweit des Feuerbacher Bahnhofs seinen Dienst getan hat. Den Umzug des Reutlinger Einmannbunkers hat der Verein Schutzbauten Stuttgart organisiert, der die Geschichte des zivilen Luftschutzes im Zweiten Weltkrieg und im Kalten Krieg erforscht und dokumentiert und den Anspruch hat, Geschichte erlebbar zu machen, auch um die schrecklichen Folgen von Kriegen aufzuzeigen. Am Feuerbacher Bahnhof sind gleich drei Bunkermodelle zu sehen: Neben der Splitterschutzzelle sind ein Tiefbunker und ein Hochbunker des Konstrukteurs Leo Winkel, ein sogenannter Winkelturm aus den 1930er-Jahren, erhalten geblieben. Der Tiefbunker stammt aus dem Zweiten Weltkrieg, wurde aber in den 1970er-Jahren für eine weitere Nutzung mit einer Lüftung, einem Generator und einer autarken Wasserversorgung ausgestattet. Regelmäßig bietet der Verein Schutzbauten Stuttgart Führungen durch Bunker an, die Termine sind auf der Internetseite zu finden.

Bunkerzentrum Feuerbach · Bahnhof Feuerbach · Wiener Platz · 70469 Stuttgart
www.schutzbauten-stuttgart.de · Haltestelle Feuerbach Bahnhof S4, 5, 6, 60, U6, 13

Kein Ort für klaustrophobische Menschen: der Einmannbunker aus dem Zweiten Weltkrieg

Born in the Fifties

Schirmlämpchen auf den Tischen und eine Bar im großen Saal, der Platz für rund 130 Zuschauer bietet – die Kinothek in Obertürkheim gehört zu den letzten Vorstadtkinos in Stuttgart. Im Jahr 1958 ist hier der erste Kinofilm über die Leinwand geflimmert. Seitdem hat sich zwar so manches verändert, aber der Charme der 1950er-Jahre ist zum Glück erhalten geblieben und die Kinothek auch heute noch ein echtes Schmuckstück. Das ganz spezielle Filmtheater zeigt beliebte und anspruchsvolle Streifen. Das zwar meist einige Wochen später als die Kinos in der Innenstadt, doch das stört die Fans kein bisschen – so haben sie die Chance, Filme, die sie verpasst haben, in nostalgischem Ambiente zu sehen.

Kinothek · Asangstraße 15 · 70329 Stuttgart · Tel. 0711 918 96 40
www.kinothek-stuttgart.com
Haltestelle Bahnhof Obertürkheim S1

Die Kinothek ist eines der letzten Vorstadtkinos in Stuttgart.

Essen mit Weitblick

Bei diesem Ausblick vergisst man fast das Essen, das vor einem steht: Den Gästen im zwischen Weinbergen gelegenen Lokal Aussichtsreich beim Burgholzhof liegt das Neckartal zu Füßen. Besonders schön ist die Sicht von der Terrasse aus, die, wenn das Wetter es zulässt, auch im Winter genutzt wird. Vom Lokal aus lohnt sich ein Spaziergang zum nahe gelegenen Aussichtsturm Burgholzhof, den der Cannstatter Verschönerungsverein Ende des 19. Jahrhunderts im Stil eines römischen Wachturms erbauen ließ. Von Anfang Mai bis Oktober ist der Aussichtsturm an Wochenenden und Feiertagen für Besucher geöffnet; dann heißt es Treppensteigen und hernach den Ausblick genießen.

Lokal Aussichtsreich · Mo–Fr ab 15.30 Uhr · Sa ab 13.30 Uhr · So ab 11.30 Uhr
Auerbachstraße 182 · 70376 Stuttgart · Tel. 0711 85 14 24 · www.dasaussichtsreich.de
Haltestelle Burgholzhof Bus 52, 57

Der Panoramablick im Lokal Aussichtsreich ist gratis.

Kunterbuntes aus fleißigen Großmutterhänden verkauft der Laden »Oma Schmidts Masche«

Alles über edle Tropfen

Schnupper- und Kostprobe gefällig? Im Weinbaumuseum, das seinen Sitz in der ehemaligen Kelter des Stadtteils Uhlbach hat, dürfen sich Besucher mit allen Sinnen dem Thema Wein nähern. In dem imposanten Bau gibt es einiges zu sehen, hören, riechen und schmecken.

»Wenn man in Stuttgart nicht einsammelte den Wein, würde die Stadt bald im Wein ersäufet sein« – es hat offenbar Zeiten gegeben, da ist in Stuttgart der Rebensaft in Strömen geflossen. Die Zahlen, welche die Ausstellung des Weinbaumuseums in Uhlbach auflistet, sprechen für sich. Im 16. Jahrhundert bewirtschafteten die Stuttgarter knapp 1300 Hektar Rebfläche, rund drei Mal so viel wie heute. Allerdings wohnten damals gerade einmal 5000 Menschen in der Stadt, also gut hundert Mal weniger als zur heutigen Zeit. Auf immerhin noch zwei Prozent der Flächen im Stadtgebiet wachsen nun Reben, zum Teil mitten in der Stadt, etwa auf der Karlshöhe im Westen oder am Schimmelhüttenweg unterhalb von Degerloch. Die einstige Uhlbacher Kelter mit ihren dicken Balken aus dunklem Holz ist ein imposantes Gebäude mit beeindruckenden Ausmaßen. Darin wirken die mächtigen alten Holzfässer mit einem Fassungsvermögen von knapp 3500 Litern fast putzig, Gleiches gilt für die Baumkelter aus dem Jahr 1885, die so groß ist wie ein kleiner Lastwagen. Schräg gegenüber haben die Ausstellungsmacher ein komplettes Wengerterhäuschen aus einem Weinberg hingestellt. Darin: ein Ofen für kalte Tage und Gerätschaften wie eine Rätsche zur Vogelabwehr und eine Vesperkanone, die dazu diente, den im Weinberg Arbeitenden lautstark den Beginn der Pause zu signalisieren. Im Museum erfährt der Besucher, dass Wein ein »Schwänzle« haben, also im Abgang beispielsweise nach Birne, Karamell oder Früchten schmecken kann. Videoeinspielungen zeigen Winzer, die von ihrer Arbeit erzählen. In der zweistöckigen Vinothek, die zum Museum gehört, kann man Erzeugnisse von Stuttgarter Weingärtnern testen; die Auswahl an Weinen und Sekten wechselt von Monat zu Monat.

Weinbaumuseum Stuttgart · Do, Fr 14–20 Uhr · Sa 14–18 Uhr · So 11–18 Uhr · Uhlbacher Platz 4
70329 Stuttgart · www.weinbaumuseum.de · Haltestelle Uhlbach Bus 62

Mächtige Fässer und allerlei Gerätschaften stehen in der Kelter, die heute Museum ist.
»Der Gast« des Künstlers Guido Messer ist ein Dauergast vor dem Weinbaummuseum.

Klemens Krause kennt sich mit Computern aller Art bestens aus.
Der Rechner LPG-30 ist mit Röhren bestückt – und funktioniert heute noch.

Der Urahn des Notebooks

Der schnellste Computer Deutschlands heißt Hazel Hen und steht im Höchstleistungsrechenzentrum in Vaihingen. Das PC-Museum, das seinen Sitz nicht weit entfernt davon im Informatikgebäude der Uni Stuttgart hat, kann noch mit anderen Superlativen punkten. Dort steht der älteste und langsamste Computer weit und breit.

Sein Name ist LPG-30 und mit seinem mintfarbenen Gehäuse würde er in so manche Wohnung passen, die im angesagten Retro-Look eingerichtet ist. Doch seine stattliche Größe spricht dagegen. LPG-30 hat in etwa die Ausmaße einer Tiefkühltruhe, aus der sich eine Familie einige Wochen ernähren könnte. Das Gerät, Baujahr 1958, ist ein mit Röhren bestückter Computer der ersten Generation. Sein Neupreis: eine Viertelmillion D-Mark. Die Leistungsfähigkeit des ältesten noch funktionsfähigen Computers Deutschlands ist aus heutiger Sicht bescheiden. Ein modernes Notebook warte mit einer Leistung und einer Speicherkapazität auf, die rund eine Million Mal höher liege, als die des hierzulande 45 Mal produzierten LPG-30, sagt Klemens Krause. Der Systemadministrator hat das PC-Museum Ende der 1990er-Jahre ins Leben gerufen, betreut es gemeinsam mit Christian Corti und weiß zu jedem Stück eine interessante oder skurrile Geschichte. Aus 30 Quadratmetern Ausstellungsfläche sind nach zwei Umzügen hundert geworden, doch trotz der mit noch funktionsfähigen Exponaten voll bepackten Regale ist nur ein Bruchteil des Fundus an Gerätschaften ausgestellt. Anita Mark VII, der erste elektronische Tischrechner der Welt, der den Preis eines VW Käfer hatte, steht neben einer handbetriebenen Staffelwalzenrechenmaschine aus dem Jahr 1878 und einem der ersten serienmäßig hergestellten Taschenrechner. Jeder Regalmeter entspricht einem Entwicklungssprung in der Technikgeschichte. Da steht Donner 3500, vor 1960 produziert und einer der ersten Laptops. Oder das Modell »Lisa« von Apple, das wegen seiner quälend langsamen Reaktionszeit ein Flop wurde. Nicht zu vergessen mehrere PC-Modelle der Marke Robotron, hergestellt im ostdeutschen Ernst-Thälmann-Werk.

Computermuseum im Raum 0.148 der Fakultät Informatik · Di 16.15–18.30 Uhr und nach Vereinbarung · Universitätsstraße 38 · 70569 Stuttgart · Tel. 0711 68 58 83 41 www.infos.informatik.uni-stuttgart.de · Haltestelle Universität S-Bahn S1, 2, 3

Der Kirchhof der Künstler

Klein aber fein: Auf dem 1523 angelegten alten Kirchhof der Wall-fahrtskirche Sankt Barbara in Hofen sind berühmte Maler und Musiker begraben, aber auch italienische Kaufleute, ein drei Zent-ner schwerer Hofschieferdecker und die mit 16 Jahren verstorbene herzogliche Geliebte Maria Anna Riccieri.

Gut 200 Jahre nach ihrem Tod hat Maria Anna Riccieri, Hoftänzerin und Geliebte des Herzogs Carl Eugen, noch einmal für Schlagzeilen gesorgt. Im Jahr 1972, als ihr Schädel, einige Knochen und ein Paar lederne Schuhsohlen unter dem Boden der St. Barbara Kirche in Hofen zu Tage kamen. Am 21. Dezember 1764 war die Favoritin des Herzogs gestorben. Sie soll im Schein von 1500 Wachskerzen und 600 Öllampen in der Kirchengruft beigesetzt worden sein. Riccieri ist nicht die einzige Berühmtheit, die in Hofen liegt. Rund um die Wallfahrtskirche mit der Stuttgarter Madonna ruhen unter anderem der spanische Hofmusiker Joseph Blaa, der Malteserritter Baron Johann Gottfried von Ettersdorf und der Hofmaler Nicolas Guibal, von dem das Gemälde an der Decke des Weißen Saals auf Schloss Solitude stammt. Warum so viel Prominenz? Der katholische Herzog Carl Eugen hatte Hofen im Jahr 1753 gekauft, es war eine katholische Enklave im weitgehend protestantischen Württemberg. Und so fanden hier zahlreiche Katholiken – Künstler aus Spanien, Italien und Frankreich, die am Hof lebten –, aber auch Einheimische ihre letzte Ruhestätte. So auch Johann Leopoldus Baur, der als Schieferdecker die herrschaftlichen Gebäude in Ludwigsburg und auf Schloss Solitude in Ordnung zu halten hatte und im Zuge dieser Tätigkeit zu einigem Wohlstand kam. Er zechte gerne und ausgiebig, zum Beispiel mit seinem Freund, dem Dichter Christian Daniel Schubart, den Herzog Carl Eugen wegen seiner kritischen Haltung ins Gefängnis werfen ließ. Baur soll dreieinhalb Zentner gewogen haben. Für die Träger, die seinen Sarg 1791 nach Hofen schleppen mussten, stellte er Geld zum Kauf von Champagner bereit. Den sollten die Männer nach Baurs Wunsch vor dem Begräbnis trinken, statt zu weinen.

Barbarakirche · Wolfgangstraße 6 · 70378 Stuttgart · Tel. 0711 953 78 30
www.st-barbara-gemeinde-stuttgart-hofen.de · Haltestelle Hofen U14

Die Barbarakirche war einst eine der wenigen katholischen Kirchen in und um Stuttgart.

Für den Max-Eyth-See gilt Baden verboten, Segeln erlaubt.

Vom Strandbad zum Vogelbad

Badespaß pur bietet der Max-Eyth-See in Hofen – allerdings nur noch für Haubentaucher, Blesshühner, Kormorane, Graureiher und andere gefiederte Zeitgenossen. In den 1930er-Jahren aber galt der 600 Meter lange See, der durch den Abbau von Kies entstanden ist, als eines der größten Freibäder Deutschlands.

Der Leuchtturm der Badeanstalt unter freiem Himmel machte etwas her: Gut 20 Meter ragte das Bauwerk am Ufer des Max-Eyth-Sees in die Höhe. Ab Mitte der 1930er-Jahre vergnügten sich dort bei schönem Wetter viele tausend Stuttgarter im und am See, der in einen Bereich für Schwimmer und einen kleinen Bootshafen aufgeteilt war. Allein im Badehaus standen nach den Recherchen des Historikers Harald Schukraft 10 000 Kleiderablagen für die Besucher zur Verfügung, die per Schiff von der König-Karls-Brücke in Bad Cannstatt nach Hofen schippern konnten. Der Krieg machte das Strandbad wie so vieles andere dem Erdboden gleich – nichts ist davon übrig geblieben. In den Nachkriegsjahren übernahmen Pflanzen und Vögel das Regiment in der einstigen Kiesgrube, die nun ein wichtiger Rast- und Brutplatz für Zugvögel ist. Seit 1961 steht das gesamte Areal unter Landschaftsschutz. Baden dürfen hier nur noch Vögel und Fische. Letztere leben wegen der geringen Wassertiefe des Sees, sie liegt bei etwa 2,20 Metern, unter teils schwierigen Bedingungen. Insbesondere in heißen Sommern wird der Sauerstoffgehalt im Wasser bisweilen so niedrig, dass der See zu kippen droht. Aus Gründen des Naturschutzes dürfen Wassersportler nur in den Sommermonaten mit Tret-, Ruder- und Segelbooten auf dem 18 Hektar großen Gewässer kreuzen. Doch auch das Ufer bietet viele Attraktionen: einen Sandstrand, ein grünes Klassenzimmer zum Thema Wasser (nach Anmeldung), eine Vogelschutzinsel, die vielen vom Aussterben bedrohten Vogelarten als Heimat dient, und Gastronomie. Der elegante Max-Eyth-See-Steg, im Volksmund aufgrund seines Aussehens »Golden Gatele« genannt, führt über den Neckar und auf den beschilderten, etwa zehn Kilometer langen Vier-Burgen-Rundwanderweg.

Max-Eyth-See · Mühlhäuser Straße · 70378 Stuttgart · Haltestelle Max-Eyth-See U14, Bus 54

Wo Wasser zu Stein wurde

Weder saurer Regen noch Frost können dem Cannstatter Travertin viel anhaben. Das gelblich-braune Gestein, das aus kalkhaltigem Wasser entstanden ist, gilt daher als beliebter Baustoff. Doch auch Urzeitforscher schätzen Travertin, denn darin sind ausgestorbene Tiere und Pflanzen sowie Überreste von Urmenschen konserviert.

Waldelefanten, Mammuts, Riesenhirsche und Schildkröten als Bewohner des Neckartals? Das ist schwer vorstellbar, lässt sich aber durch Knochenfunde im Cannstatter Travertin zweifelsfrei beweisen. Das ockerfarbene Gestein hat sich vor bis zu 500 000 Jahren dort gebildet, wo die Mineralquellen der Stadt ans Tageslicht kamen. Die im Wasser gelösten Feststoffe wie Kalk und Gips lagerten sich beim Austritt an die Oberfläche schichtweise als Kristalle ab, überzogen Knochen oder Pflanzenreste und konservierten sie so über viele

▶ **Wer die Überreste des Waldelefanten begutachten will, sollte im Staatlichen Museum für Naturkunde am Löwentor vorbeischauen. Rosensteinstraße 1**

tausend Jahre. Beim Abbau des zu mächtigen Schichten angewachsenen Travertingesteins, etwa im Steinbruch der Firma Haas, tauchten die Überreste auf: der Schädel eines Waldelefanten, der Backenzahn eines Waldnashorns und Werkzeuge des Urmenschen. Mittlerweile ist der Travertinpark, der auf dem Gelände des Steinbruchs Schauffele ge-

schaffen wurde, um einen stillgelegten Steinbruch erweitert worden – den der Firma Haas. Der Travertinpark ist ein abwechslungsreiches Naherholungsgebiet inmitten von Weinbergen mit herrlichem Ausblick. Doch auch der Kamin des Müllheizkraftwerks Münster prägt die Kulisse, und glücklicherweise hat die Stadt nach dem Kauf der Steinbrüche nicht sämtliche Spuren des Travertinabbaus beseitigt, sondern eine Kranbahn und Gerätschaften zur Steinbearbeitung erhalten. Eine Weiche und wenige Meter Gleise erinnern daran, dass an dieser Stelle ab 1926 die erste elektrische Industriebahn Württembergs fuhr, die verschiedene Firmen bediente. Oberhalb der Terrasse lockt der Abenteuerspielplatz »Mauganeschd« junge Besucher an.

Travertinpark · Hartensteinstraße 5 · 70376 Stuttgart · www.stuttgart.de
Haltestelle Altenburg Bus 52, 56

Die Kranbahn erinnert an die Zeit, als hier Travertin abgebaut wurde.
Äußerst haltbar und daher ein beliebter Baustoff: der Cannstatter Travertin

Ein Bad im Mineralwasser des Mombachs wissen auch Vögel zu schätzen.
Blubberndes Sauerwasser bringt den Kreislauf in Schwung.

Zum Wohle: Cannstatts gesunder Champagner

In Stuttgart fließt das Mineralwasser in Strömen, besonders in Bad Cannstatt. Und so ist die Mombachquelle an der Neckartalstraße nur einer von vielen Wasserspendern im Stadtgebiet – und trotzdem etwas Besonderes. Sie ist die einzige Quelle, die noch in ihrem natürlichen Quelltopf zu Tage tritt.

Der Mombach, der in den Neckar mündet, ist ein kurzes, aber hübsches Bächlein. Glasklar plätschert es durch einen kleinen Park an der Neckartalstraße. Enten und andere Wasservögel plantschen in dem kühlen Nass, am Ufer stehen große Bäume. Wer am Bach entlanggeht, landet an der Pforte des Schwimmbads des Cannstatter Schwimmvereins. Rechts davon, verborgen hinter einem Metallgitter, entspringt der Mombach. Sein etwa 50 Zentimeter tiefer Quelltopf, der ungefähr 40 Liter pro Sekunde ausspuckt, ist der letzte im Stadtgebiet, der noch sichtbar, wenn auch leider nicht zugänglich ist. Sämtliche Quellen rundum, die täglich insgesamt rund 44 Millionen Liter Mineralwasser abgeben, sind unter Gebäuden und Straßen verschwunden und als Brunnen gefasst worden. Die Mombachquelle speist den Inselbrunnen an der Neckartalstraße – einen von knapp 20 öffentlichen Mineralwasser-Trinkbrunnen, deren Wasser ganz unterschiedlich, teilweise gewöhnungsbedürftig salzig oder schwefelig schmeckt.

▶ **Lust auf ein »Bad in Champagner«? Dann sind die Mineralbäder Cannstatt, Leuze oder Berg die richtigen Anlaufstellen. www.stuttgart.de/baeder**

Wegen seines bisweilen recht hohen Gehalts an Natrium, Calcium, Chlorid, Sulfat oder Sole sollte das Heilwasser denn auch nicht in rauen Mengen, sondern in therapeutischen Dosen getrunken werden. Typisch für das Cannstatter Wasser ist sein Kohlensäuregehalt, weshalb es auch als »Sauerwasser« oder »Säuerling« bezeichnet wird. Die Kohlensäure, die das Wasser aus dem Erdinneren mitbringt, beginnt beim Aufstieg aus der Tiefe auszugasen. Beim Baden in Sauerwasser prickeln die kleinen Bläschen auf der Haut und bringen Kreislauf und Durchblutung in Schwung.

Mombachquelle · Krefelderstraße 24 · 70376 Stuttgart · Haltestelle Mühlsteg U14

Komödien statt Korn

Einst hat das Schiff »Frauenlob« Getreide und Futtermittel von See-häfen wie Rotterdam und Amsterdam nach Basel oder Nürnberg befördert. Inzwischen wird in ihrem Bauch Theater gespielt, gelacht und gezecht, denn der betagte Frachter macht eine zweite Karriere als Kulturstätte.

Rund 80 Jahre lang ist die »Frauenlob« fleißig viele tausend Kilometer über die Wasserstraßen Europas getuckert. Nach einer grundlegenden Schön-heitsoperation vor einigen Jahren ist die betagte Dame dann auf ihre alten Tage doch noch sesshaft geworden: am Neckar. Seitdem liegt sie bei Bad Cannstatt vor Anker und empfängt – außer montags – jeden Abend bis zu 160 Gäste. Im innerhalb von rund zehn Monaten umgebauten Laderaum des 250 Tonnen schweren und knapp 70 Meter langen Schiffs haben inzwischen ein Theatersaal und eine große Pianobar ihren Platz gefunden. In letzterer sind immer dienstags Kabarettvorstellungen und Kleinkunst zu sehen. An allen übrigen Tagen stehen im rotsamtenen Theatersaal Komödien auf dem Programm. Sechs komödiantische Eigenproduktionen pro Jahr stellt die Crew auf die Planken des ehemaligen Frachtschiffs, meist gewürzt mit musikali-schen Einlagen. Ein gewisser Friedrich Klee hat das Schiff im Jahr 1930 in einer Werft in Rotterdam bauen lassen und an Bord im Lauf der Jahre ton-nenweise Getreide und Futtermittel von A nach B transportiert: Von Seehä-fen wie Rotterdam oder Amsterdam brachte der Frachter seine Ladung nach Nürnberg oder Basel. Sein Sohn folgte seinem Beispiel, der Enkel ebenfalls. Bis er im Jahr 2007 in den Ruhestand ging, sein Schiff verkaufte und den stän-dig schwankenden gegen festen Boden unter den Füßen eintauschte. Nach-dem das Schiff seinen Besitzer gewechselt hatte, wurde es vom Frachter zur Kulturstätte umgebaut und darf nun bleiben, wo es ist. Neben Theaterfans sind auf dem Schiff auch all jene richtig, die sich in feste Hände begeben wollen. Denn das Standesamt bietet Menschen, die in den Hafen der Ehe schippern wollen, die Möglichkeit, auf der »Frauenlob« zu heiraten.

Theaterschiff Stuttgart · Vorstellungen Di–Sa 20 Uhr · So 18 Uhr · Mühlgrün 1 · 70372 Stuttgart
Tel. 0711 255 55 55 · www.theaterschiff-stuttgart.de ·
Haltestelle Rosensteinbrücke U14 und Haltestelle Bad Cannstatt S1, 2, 3

Endstation Stuttgart: Das Schiff »Frauenlob« liegt als Theaterschiff dauerhaft vor Anker.

Der laut seinem Schöpfer »weltgrößte Paravent« in Sankt Germanus

Kunst in der Kirche

Das größte Kunstwerk in der Untertürkheimer Stadtkirche misst sieben auf neun Meter und stammt vom Künstler HAP Grieshaber; das älteste entstand im 17. Jahrhundert. Zudem kann Sankt Germanus mit einer einzigartigen bildlichen Darstellung der Bergpredigt aufwarten: eine Kirche für Kunstliebhaber.

Sankt Germanus in Untertürkheim hat schon einiges mitgemacht. Im Dreißigjährigen Krieg ist die Kirche mit Wehrturm niedergebrannt, dann wieder aufgebaut und um 1800 erweitert worden. Im Zuge einer Restaurierung Ende der 1960er-Jahre wurde eine verschiebbare Trennwand im Kirchenschiff eingezogen, um einen Gemeindesaal zu schaffen. Die rund sieben auf neun Meter messende Abtrennung erfüllt nicht nur ihren Zweck, sondern ist ein echtes Kunstwerk, hat sie doch der Künstler Helmut Andreas Paul, kurz HAP, Grieshaber als eine riesige, 36-teilige Bildergeschichte gestaltet, die oben rechts beginnt und links unten endet. Grieshaber hat dafür die Legende Josefs aus dem Alten Testament in Linolplatten geschnitten und auf Japanpapier gedruckt. Für sein Werk, das er »der Welt größter Paravent« nannte, soll der Künstler nur die Materialkosten berechnet haben; mit dem Argument, seine Arbeit könne die Gemeinde sowieso nicht bezahlen. Seine Bedingung, die Josefswand müsse für Besucher zugänglich sein, erfüllt die Kirchengemeinde bis heute und die Tür ist tagsüber nicht abgeschlossen. Seitdem in der Kirche Etliches beschädigt wurde, bleibt Kunstfans, die ohne Anmeldung kommen, jedoch nur der Blick durch eine Glaswand. Rechts der Trennwand hängt ein Gemälde des Malers Carl Schmauk von 1911, das als »Untertürkheimer Bergpredigt« bekannt ist. Der Sohn eines Weingärtners hat Jesus bei der Bergpredigt gemalt. Im Hintergrund ist die Kulisse Untertürkheims zu sehen, die rund 20 Männer, Frauen und Kinder, die Jesus lauschen, sind Zeitgenossen, die der Maler verewigt hat. Als dritte Sehenswürdigkeit hat die Stadtkirche Wandmalereien aus dem 17. Jahrhundert zu bieten. Die unter Putz versteckten Bilder sind Ende der 1960er-Jahre ans Licht gekommen.

Stadtkirche Untertürkheim · Vorraum geöffnet Mo–Fr 8.30–17 Uhr · Trettachstraße 3
70327 Stuttgart · Tel. 0711 33 06 59 · Haltestelle Untertürkheim S1, U4, 13, Bus 60, 61

Stille Momente auf dem Schießplatz

Der Wald in der Feuerbacher Mähderklinge sieht seltsam aus: zwei breite, baumlose Schneisen, die rechts und links von meterhohen Erdwällen begrenzt werden. Aus diesen wachsen krumme Bäume. Die merkwürdige Landschaft ist das Resultat der einstigen Nutzung der Mähderklinge als Schießplatz.

Schief ragen die Bäume aus den aufgeschütteten Erdwällen, die sich mehrere hundert Meter parallel durch den Wald ziehen. Auf den ebenen Flächen dazwischen wächst kein Baum, nur etwas Gras und niedriges Buschwerk. Das Ganze erinnert an eine Allee, die sich die Natur im Laufe der Jahre zurückerobert hat. Tatsächlich hat die Mähderklinge, die heute ein verwunschen-vergessener Ort ist, recht bewegte Zeiten hinter sich. Ab 1869 wurde sie als Schießplatz genutzt. Das Gelände diente als Ersatzstandort für einen Militärschießstand am Hasenberg, der den Stuttgarter Westen vom Süden trennt. Ab 24. August, so ist auf einer Tafel beim Standort zu lesen, wurde in Feuerbach kräftig herumgeballert; und zwar zwischen den Erdwällen, die als Begrenzung der Schießbahnen dienten. Bereits zwei Jahre später befand man die Anlage für zu klein, die 600 Meter lange Schießbahn Mähderklinge wurde um eine weitere mit dem Namen Heukopf ergänzt. Rund 30 Jahre später sollte eine dritte Bahn hinzukommen, doch die Gemeinde Feuerbach protestierte so vehement, dass das Projekt auf der Abschussliste landete. Ruhe und Frieden herrschten deshalb aber nicht im Feuerbacher Tal, denn 1909 wurde die bestehende Anlage für Maschinengewehre ausgebaut. Erst nach dem Zweiten Weltkrieg kehrte Stille ein, die jedoch zehn Jahre nach dem Kriegsende wieder in Gefahr war, wollte doch nun die Bundeswehr die Mähderklinge nutzen. Diesen Plänen machte die Stadt Stuttgart einen Strich durch die Rechnung. Auch aus der Idee, eine Ausbildungsstätte für den Luftschutzdienst einzurichten, ist letzten Endes nichts geworden. Und so herrscht heute in der Mähderklinge endlich wieder himmlische Ruhe, die allenfalls durch das raschelnde Geräusch eines flüchtenden Rehs unterbrochen wird.

Schießbahn Feuerbach · Mähderklinge 16 · 70469 Stuttgart · Haltestelle Mähderklinge Bus 91

Viele Jahre wurde hier geschossen, nun hat sich die Natur die Mähderklinge zurückerobert.

Klaus Enslin betreut das Feuerwehrhelmmuseum.
Die prächtig bestickte Fahne ist eine der wenigen, die noch erhalten sind.

Helme aus aller Herren Länder

Womit schützt der Feuerwehrmann in Chicago seinen Kopf? Und mit welchem Helm rücken seine Kollegen im Libanon oder in Japan zum Einsatz aus? Auf solche Fragen liefert ein Besuch im Feuerwehrhelmmuseum in Untertürkheim Antworten. Es zeigt mehr als 200 Helme aus aller Herren Länder.

Albert Nothdurft hat mit großem Eifer Feuerwehrhelme gesammelt, getauscht und ersteigert. Seine rund 220 Helme umfassende Sammlung hat der Berufsfeuerwehrmann vor einigen Jahren der Freiwilligen Feuerwehr Untertürkheim geschenkt, die sie nun in ihrem Feuerwehrhaus verwahrt. Schützende Kopfbedeckungen von allen Kontinenten sind zu sehen, jeder Helm ist irgendwie exotisch, manch einer auch historisch; zum Beispiel das verchromte Modell mit Glasvisier, das Feuerwehrleute in der DDR trugen. Die ältesten Stücke in der Sammlung sind Messinghelme der Untertürkheimer Feuerwehr, die 1878 gegründet wurde. Den Helm des Kommandanten ziert ein üppiger Pferdeschweif in Weiß, sein Stellvertreter trug ein Modell mit schwarzem Pferdehaar. Später wurden die Metallmodelle gegen Exemplare aus Leder ausgetauscht. Aus diesem Material, in Kombination mit Kunststoff, sind bis heute viele Schutzhelme amerikanischer Feuerwehrleute gefertigt. Ein Helm aus Chicago liefert den Beweis; in großen Lettern prangt auf ihm das Wort »Firefighter«. »Sapeurs pompiers« steht hingegen auf einem französischen Modell, und das libanesische Exponat präsentiert sich mit verschlungenen arabischen Schriftzeichen. Als reiner Ausgehhelm für festliche Gelegenheiten diente ein griechischer Helm aus Leder, um den sich ein goldener Lorbeerkranz windet. Die 1903 anlässlich des 25-jährigen Jubiläums angefertigte, prächtig mit Trauben und Blättern bestickte, goldbetresste Fahne der Untertürkheimer Wehr ist eine der wenigen, die noch existieren.

▶ **Das Stuttgarter Feuerwehr-Museum, Murgtalstraße 60 in Stuttgart-Münster, zeigt rund 25 Fahrzeuge aus den letzten Jahrzehnten sowie historische Handdruckspritzen, Eimer und Feuermelder. www.stuttgarter-feuerwehrmuseum.de**

Feuerwehrhelmmuseum · Besichtigung nach Anmeldung · Hindelanger Straße 6 · 70327 Stuttgart www.feuerwehr-helm-museum.de · Haltestelle Untertürkheim S1, U4, 13

Tierischer Spaziergang

Es ist nicht immer einfach, den Nachwuchs zu etwas Bewegung an der frischen Luft zu motivieren. Vielleicht gelingt es ja mit einer Tour, die jede Menge Tierisches zu bieten hat. Sie führt auf einem Trampelpfad durch den Rosensteinpark und entlang des Geländes der Wilhelma.

Zaungast am Zoo sein und Eisbären, Alpakas, Esel und andere Tiere beobachten – ein Pfad, der entlang des Wilhelma-Areals durch den Rosensteinpark führt, macht's möglich. Ein guter Ausgangspunkt für die tierische Tour ist die Haltestelle Mineralbäder. Von dort geht es am See mit Enten, Graugänsen und anderen Wasservögeln vorbei auf die Höhe, wo Schloss Rosenstein thront. Das im klassizistischen Stil errichtete Gebäude hat König Wilhelm I. als Lusthaus erbauen lassen. 1830 war das Schloss samt seinem englischen Landschaftspark fertig. Seit vielen Jahren beherbergt es die biologische Ausstellung des Staatlichen Museums für Naturkunde. Zwei gewaltige steinerne Löwen begrüßen die Besucher, die in fünf inszenierten Sälen mit Tierpräparaten eine Reise durch Lebensräume der Erde machen können – von der Eiswüste bis zum tropischen Regenwald. Weil sich in letzterem viele Tiere, etwa die Paradiesvögel, im Bereich der Baumkronen tummeln, bietet eine Plattform zwischen den Wipfeln die Möglichkeit, sich die tropische Welt von oben anzuschauen. Wer lieber an der frischen Luft bleibt, geht vorbei am Rosensteinmuseum und folgt dem Weg, der links entlang des Schlosses führt und dann nach links abzweigt. Ein kleines Stück geht es durch die Wiesen des Parks, bis rechts der Zaun des Zoos Wilhelma erscheint. Das Eisbärengehege ist die erste Station, auf dem Trampelpfad geht es dann an der Umzäunung entlang und vorbei an allerlei tierischen Zoobewohnern. Wer dabei Lust auf einen Wilhelma-Besuch bekommt, kann den Eingang beim Schaubauernhof nutzen, der jedoch von Oktober bis Februar nur an Wochenenden, Feiertagen und in den Ferien geöffnet ist. Von dort gelangt man quer durch den Park in wenigen Minuten zur Haltestelle Rosensteinpark.

Trampelpfad-Tour Rosensteinpark · 70191 Stuttgart
Haltestelle Mineralbäder U1, 2, 14 oder Rosensteinpark U13

Ponys, Alpakas und Eisbären warten auf menschliche Zaungäste.
Der Trampelpfad führt entlang des Wilhelma-Geländes.

Das schwäbische Gegenstück zum belgischen Manneken Pis steht in Degerloch.

Stuttgarts Antwort auf Manneken Pis

Stuttgarts Antwort auf ein belgisches Wahrzeichen, das berühmte »Manneken Pis«, findet man in Degerloch, in der Arbeitersiedlung Falterau. Danach kann man am renaturierten Ramsbach entlangspazieren und auf dem Erlebnisweg »Sinneswandel« den Wald mit allen Sinnen erfahren.

Er wirkt längst nicht so selbstbewusst und vergnügt wie Manneken Pis, der im hohen Bogen pinkelnde Knabe, der in der belgischen Hauptstadt Brüssel auf einem Brunnen steht. Eher ein bisschen verschämt steht er da, der jüngere schwäbische Bruder aus der Schwabenmetropole. Der aus Bad Cannstatt stammende Bildhauer Emil Kiemlen hat das Büble im Jahr 1913 für den Brunnen in der Siedlung Falterau in Degerloch gestaltet. Dieser bildet den Mittelpunkt der denkmalgeschützten Siedlung, die Anfang des 20. Jahrhunderts zur neuen Heimat vieler Arbeiterfamilien wurde. Sie erfüllten sich hier mit baugenossenschaftlicher Hilfe den Traum vom Häusle mit Garten. Nach einem Spaziergang durch die Siedlung Falterau gelangt man über den Eugen-Kucher-Weg ins Ramsbachtal. Der Ramsbach, der in den 1970er-Jahren in ein trostloses Betonbachbett verbannt wurde, ist inzwischen renaturiert worden und plätschert über große Steine entlang des mit Schilf und anderen Pflanzen bewachsenen Ufers. Wer zu Beginn des Eugen-Kucher-Wegs in den Wald abbiegt, gelangt zum geteerten Königsträßle und zum barrierefreien Walderlebnisweg »Sinneswandel« in unmittelbarer Nachbarschaft des »Hauses des Waldes«. Der 1,3 Kilometer lange Erlebnispfad, der auch für Besucher mit Kinderwagen oder Rollstuhl geeignet ist, lädt zum Tasten, Riechen und Ausprobieren ein. Die Besucher können einen in der Horizontale liegenden Nadelbaum von den Wurzeln bis zur Krone begutachten und begreifen, aus dem Stamm und den Jahresringen Rückschlüsse auf seine Vergangenheit ziehen, zwei Nahrungsketten erkunden; in einem Nahrungsnetz zum Thema Wald klettern, einen eigenen Wald bauen oder mit geschlossenen Augen und barfuß an einem Seil den Wald erspüren.

Siedlung Falterau · Hadäckerstraße · 70597 Stuttgart · Haltestelle Pfullinger Straße
Bus 73, 74, 76, 77

84 Was Daimler nach Untertürkheim lockte

Gewerbebetriebe bringen Arbeitsplätze und Geld, was sie bei Gemeinden seit jeher beliebt macht. Um 1900 überzeugte das noch eigenständige Untertürkheim den Unternehmer Gottlieb Daimler davon, sich auf seiner Gemarkung anzusiedeln – mithilfe des ersten kommunalen Wasserkraftwerks Württembergs.

Daimler Benz und Untertürkheim – die Kombination gehört heute für viele zusammen wie Spätzle und Soß'. Dass dem so ist, hat auch mit einem großen Backsteingebäude zu tun, das an der Inselstraße steht und seit 1902 mit Neckarwasser Strom erzeugt. Die verfügbare Elektrizität war nämlich ein wichtiger Grund dafür, dass der Automobilpionier Gottlieb Daimler, der aus Schorndorf im Remstal stammte, sein Unternehmen nicht in seiner Heimatstadt ansiedelte, sondern in Untertürkheim. Daimler habe beim Besuch der Pariser Weltausstellung den Entschluss getroffen, in seiner neuen Fabrik nicht mehr auf Dampfkraft, sondern auf Strom zu setzen, sagt der Heimatforscher Klaus Enslin. Da traf es sich gut, dass Untertürkheim bereits im Jahr 1899 mit dem Bau eines Wasserkraftwerks begonnen hatte, das 1902 fertiggestellt und in Württemberg das erste von einem kommunalen Bauherrn war. Drei Wasserturbinen und zwei Dampfturbinen der berühmten Esslinger Maschinenfabrik taten dort ihren Dienst. Im Jahr 1903 legte dann die Firma mit dem Stern am neuen Standort los und ist bis zum heutigen Tag dort geblieben. Gleiches gilt für das Wasserwerk: Die inzwischen zum Kulturdenkmal erklärte Anlage produziert nach mehr als hundert Jahren immer noch Strom, rund sieben Millionen Kilowattstunden sind es pro Jahr. Die etwa 300 Quadratmeter große, denkmalgeschützte Fabrikhalle kann man nach Anmeldung besichtigen. Wichtige Teile der 1924 installierten Kaplanturbine, die eine der ersten und größten war, sind noch in Betrieb und ebenfalls zu besichtigen.

> ▶ **Das Mercedes-Benz-Museum in der Mercedesstraße 100 zeigt auf neun Ebenen 160 Fahrzeuge und ermöglicht eine Zeitreise durch mehr als 130 Jahre Automobilgeschichte.**

Wasserkraftwerk Untertürkheim · Besichtigungen Mo–Fr nach Anmeldung · Inselstraße 144
70327 Stuttgart · Tel. 0711 362 99 63 · www.enbw.com/besichtigungen
Haltestelle Untertürkheim S1, U4, 13

Der vom Wasserkraftwerk erzeugte Strom machte Untertürkheim für Gottlieb Daimler attraktiv.

Mit ihren Bussen hat die Firma Auwärter ein Kapitel Mobilitätsgeschichte geschrieben.

Erst Wagnerwerkstatt, dann Weltunternehmen

Stuttgart gilt als Metropole der Autobauer, als Stadt Ferdinand Porsches, Gottlieb Daimlers und Wilhelm Maybachs. Die Familie Auwärter hat in Stuttgart ein wichtiges Kapitel Omnibus-Geschichte geschrieben. Das Auwärter-Museum in Möhringen erzählt, wie aus einer Wagnerwerkstatt ein Weltunternehmen wurde.

»Neoplan« – der griechische Begriff bedeutet sinngemäß »neues Personenbeförderungsmittel«. Gottlob Auwärter hat seine Firma zu Recht so genannt, denn in Sachen Omnibusbau hat sein Familienbetrieb immer wieder neue Wege eingeschlagen. Der erste freitragende Bus, der ohne Fahrgestell auskam, war aus dem Hause Auwärter. Eine Innovation war auch das Modell Hamburg, dessen Passagiere nicht über Schiebefenster, sondern mittels einer Düsenbelüftung wie im Flugzeug mit Frischluft versorgt wurden. Der weltweit erste Fernreise-Doppelstockbus ist ebenfalls in Stuttgart-Möhringen zusammengeschraubt worden. Das Auwärter-Museum erzählt die Geschichte einer Vollblut-Omnibusbauer-Familie: Die bescheidenen Anfänge in der Wagnerwerkstatt, die Gottlob Auwärters Vater gehörte. Die ersten Schritte als Hersteller von Aufbauten, die Gottlob Auwärter auf die Karosserien gebrauchter Lieferwagen und Busse setzte. Der Entschluss, von Fahrgestell-Herstellern unabhängig zu werden und einen selbsttragenden Omnibus ohne Chassis zu entwickeln. Und schließlich das letzte Kapitel, das im Jahr 2001 anbrach, als die Firma MAN Neoplan übernahm. Viele historische Fotos und Modelle sind im Museum zu sehen, außerdem eine komplette Schmiede, die fast 100 Jahre im Ortskern von Möhringen in Betrieb und ein wichtiger Partner des Wagenradherstellers war. Prunkstücke der Ausstellung sind zwei Oldtimer-Busse aus den 1950er- und 1960er-Jahren, welche die Besucher betreten und genau begutachten dürfen. Die Busse können im Sommer für Rundfahrten gemietet werden. Für alle, die sich die Geschichte der Firma gerne erzählen lassen möchten, bietet Susanne Auwärter-Brodbeck kostenlose Führungen durch das Museum an. Anfragen sind über die Internetseite möglich.

Auwärter-Museum · Vaihinger Straße 151/Lautlinger Weg · 70567 Stuttgart
www.auwaerter-museum.de · Haltestelle Vaihinger Straße U3, 5, 6, 8, 12

Saisonal, frisch und fair

Es gibt wenige Lokale, in denen passionierte Fleischfans ebenso auf ihre Kosten kommen wie überzeugte Veganer. Das Bio-Restaurant Cassiopeia in Untertürkheim ist einer dieser rar gesäten Orte, an denen wohl jeder Hungrige etwas Passendes auf der Speisekarte findet.

Zwiebelrostbraten mit Spätzle ist ein Gericht, um das in Schwaben viel Kult getrieben wird; es gilt als Nationalspeise. In Lokalen, in denen es traditionell serviert wird, ist die Auswahl für jene, die lieber auf Fleisch verzichten, oft sehr beschränkt – sie haben meist nur die Wahl zwischen einem Salatteller und Käsespätzle. Im Restaurant Cassiopeia ist das anders, denn hier kommen neben Rumpsteak und Schweinekotelett auch vegane Spinat-Nuss-Knödel, Reisrisotto mit Radieschen oder eine vegetarische Komposition aus Spätzle mit biologisch angebautem Gemüse auf den Tisch. So können sie alle friedlich vereint schlemmen – die Fleischliebhaber und die Pflanzenesser, selbst Glutenallergiker werden berücksichtigt und können sich zwischen mehreren Gerichten entscheiden. Manch überzeugter Fleischesser hat im Cassiopeia angesichts der veganen Speisen auf Nachbars Teller beschlossen, beim nächsten Mal das Lager zu wechseln. Fleisch, Gemüse und alle anderen Zutaten, die in der Küche verarbeitet werden, stammen aus kontrolliert biologischem Anbau und aus Betrieben in der Region Stuttgart. Gekocht wird saisonal, frisch und fair. Wer sich für einen Sitzplatz auf einer der Terrassen entscheidet, hat Ausblick auf den Neckar, der gleich nebenan vorbeifließt. Das ist aber so ziemlich der einzige Hinweis darauf, dass das Cassiopeia als Vereinslokal der Stuttgarter Rudergesellschaft dient. Keine Spur von Sportgaststätten-Atmosphäre, stattdessen ein gemütlich-schlichter, mit bunt zusammen gewürfelten Möbeln eingerichteter Gastraum, in dem auch Hungrige mit Nachwuchs oder Vierbeinern willkommen sind. Weil das Cassiopeia zudem ein Liveclub ist, finden dort auch Tanzpartys oder Konzerte statt. Am letzten Samstag und Sonntag im Monat wird im Cassiopeia ein Brunchbüffet serviert.

Bio-Restaurant Cassiopeia · Mi–Fr und Sa ab 17 Uhr · Do zusätzlich 11.30–14.30 Uhr
So ab 12 Uhr · Inselstraße 147 · 70327 Stuttgart · Tel. 0711 88 83 23 18 · www.cassiopeia-live.de
Haltestelle Untertürkheim S1 und U4, 13

Das Cassiopeia ist eine Anlaufstelle für hungrige Fleisch- und Pflanzenesser.

Im Kotzenloch gehen angeblich Geister um.

Geister und Geologie

Im Kotzenloch, so heißt es, gehen böse Geister um. Eine Garantie für Gespenstersichtungen gibt es freilich nicht. Doch wer sich bei Tageslicht zu dieser kesselförmigen Grube am Lemberg in Feuerbach wagt, sieht bunte Gesteinsschichten, die mehr als 200 Millionen Jahre alt sind.

Violett, Rot, Grün und Grau – das Naturdenkmal Kotzenloch bietet einen ungewöhnlich bunten Anblick mit seinen vielen unterschiedlich farbigen, säuberlich übereinandergestapelten Gesteinsschichten. Sie sind vor rund 200 Millionen Jahren entstanden, als hier noch ein Meer schwappte, in dessen Tiefen sich u.a. Schlamm, Sand und verendete Muschelkrebse ablagerten. Schon vor mehr als 100 Jahren sind vom Lemberg herab Stufen angelegt worden, die zum Fuß des Kotzenlochs führen und einen guten Ausblick auf die farbigen Gesteinsschichten bieten. Die bunten Farben stammen von eisenhaltigen Stoffen im Gestein. Dass das Kotzenloch als »geologisches Fenster in die Erdgeschichte« genutzt werden kann, hat mit den Feuerbacher Weingärtnern zu tun. Sie haben hier einst den aus Ton und Kalk bestehenden mineralreichen Mergel abgebaut, um damit ihre Weinberge zu düngen und dadurch aromareiche Trauben zu bekommen. Meter um Meter wurde der Lemberg dabei angeknabbert und offenbart nun zu einer Seite hin, was alles in ihm steckt. Bis in die Gegenwart ist der Lemberg ein Gebiet, in dem Weingärtner Rotweinsorten wie Trollinger und Lemberger anbauen – allerdings in weit geringerem Ausmaß als im 19. Jahrhundert. Einmal im Jahr, meist im August, laden die Wengerter zum »Weinerlebnis am Lemberg« ein, einer Rundwanderung, bei der sie ihre Weine zum Verkosten anbieten. Mergel wird im Kotzenloch jedoch seit Langem keiner mehr abgebaut, trotzdem herrscht dem Volksglauben nach zumindest noch nachts Betrieb, denn da gehen angeblich Geister in der Mergelgrube um. Ehemalige korrupte Bürgermeister sollen es sein, die um Mitternacht herumrumoren und Nacht für Nacht das Geld zählen, das sie unrechtmäßig für eigene Zwecke abgezweigt haben.

Naturdenkmal Kotzenloch · Zugang über Feuerbacher Talkrabbenweg · 70469 Stuttgart
www.weinerlebnis-lemberg.de · Haltestelle Föhrich U6, 13

Die Farm für fleißige Kinder

Deutschlands erste Jugendfarm steht in Stuttgart, ist eigentlich ein Zufallsprodukt und ein Paradies für Kinder. Seit 1962 bietet die Einrichtung im Elsental Großstadtkindern die Chance, die Natur zu erforschen und Tiere hautnah zu erleben, ohne ständig von Erwachsenen überwacht zu werden.

Hühner, Hasen, Schafe, Ziegen und Pferde leben auf der Jugendfarm Elsental – und alle wollen versorgt werden. Ein Glück, dass Tag für Tag genug fleißige Farmkinder auf die Jugendfarm kommen und beim Füttern, Ausmisten und Putzen anpacken. Gekuschelt wird natürlich auch. Wer mag, kann auf der Jugendfarm reiten lernen, wer lieber bastelt oder werkelt, kann töpfern, malen, filzen oder den Teig für das Stockbrot zubereiten, das später über offenem Feuer im Zentrum der Farm gebacken wird. Dass Stuttgart die erste Jugendfarm in ganz Deutschland für sich reklamieren kann, hat die Stadt dem inzwischen verstorbenen Ehepaar Thyra und Edgar Boehm zu verdanken. Hinter ihrem Wohnhaus im Elsental hielt die Familie Anfang der 1960er-Jahre Ponys. Sie lockten Kinder aus der ganzen Nachbarschaft an, was die Boehms nicht störte, sondern nur in ihrer Überzeugung bestätigte, dass Kinder Tiere brauchen. Die jungen Besucher waren willkommen und strömten scharenweise herbei. Bis zu 300 Kinder kamen schließlich ins Elsental – zu viele, als dass die Familie Boehm alles allein hätte schultern können. Anfang der Siebziger gründete sie daher den Verein Jugendfarm Elsental, der von der Stadt finanziell unterstützt wird, aber auch auf Spenden angewiesen ist. Für Kinder ist der Besuch der Jugendfarm, die auch während der Ferien geöffnet hat, kostenfrei. Für manche besonderen Gruppenangebote müssen Eltern allerdings einen gewissen Obolus entrichten. Auf dem Gelände der Farm dürfen die jungen Besucher frei herumstreifen und selbst entscheiden, was sie tun wollen: allein oder mit Freunden herumstöbern, an einem der Kreativangebote teilnehmen oder Zeit mit den Tieren verbringen, die sich wie die Kinder frei auf dem Areal bewegen.

Jugendfarm Elsental · Mo–Fr 14–18 Uhr · in den Ferien 10–18 Uhr · Im Elsental 3 · 70569 Stuttgart Tel. 0711 687 20 89 · www.elsental.de · Haltestelle Im Elsental Bus 82

Mit Ponys hat auf der Jugendfarm in den 1960er-Jahren alles angefangen.

Heute schon geflüstert? Die Wandelgänge der Wilhelma sind ein guter Ort dafür.

Psssst – Ohren auf in der Flüstergalerie

Mit ihren Säulen, kunstvollen Deckenverzierungen und verschlungenen Ornamenten im maurischen Stil sind die Wandelgänge im zoologisch-botanischen Garten Wilhelma eine echte Augenweide. Die gewölbten Gänge haben auch ein Highlight für die Ohren zu bieten: eine Flüstergalerie.

Seine Majestät, König Wilhelm I. von Württemberg, sollte bei Regen trocken von seinem im maurischen Stil gebauten Landhaus in den Festsaal und vom Pavillon am Neckar zum privaten Theater kommen. Deshalb hat der Architekt Karl Ludwig von Zanth Mitte des 19. Jahrhunderts mehrere überdachte Gänge für die vom König in Auftrag gegebene Schlossanlage namens Wilhelma konzipiert. In diesen ließ es sich auch bei feuchter Witterung angenehm wandeln. Dass in den Gängen obendrein ein seltenes akustisches Phänomen auftritt, das als Flüstergalerie bezeichnet wird, hat der Physiker Uwe Laun im Jahr 2010 entdeckt, also rund 160 Jahre, nachdem sie gebaut wurden. Wer sich an der richtigen Stelle positioniert, kann über eine Distanz von bis zu 40 Metern mit einer anderen Person plaudern, ohne seine Stimme heben zu müssen. Inzwischen weist eine Informationstafel auf die Flüstergalerie hin, deren Wirkung am besten zur Geltung kommt, wenn sich ein Gesprächspartner in der Kurve beim Durchgang zum Aquarium positioniert, der andere in der gegenüberliegenden Ecke. Die Wand des Wandelgangs leitet dank ihrer Wölbung den Schall so gut, dass er sich geringer als sonst zerstreut und Worte über eine ungewöhnlich lange Strecke hörbar sind. So kommt es, dass in den Wandelgängen Menschen angeregt mit der Wand plaudern oder ihr Ohr daran pressen. Die Wilhelma ist längst nicht mehr ein königlicher Ort der Stille, sondern ein deutschlandweit einzigartiger Zoo mit botanischem Garten. Er lockt jährlich rund zwei Millionen Besucher an, die mit Gespenstschrecken, Gorilla-Babys und Giraffen Bekanntschaft schließen. Daher empfiehlt es sich, den Flüstertest außerhalb der Hauptbesuchszeiten, am frühen Morgen, späten Nachmittag oder abends zu machen.

Zoologisch-Botanischer Garten Wilhelma · Mo–So 8.15–17 Uhr (Winter) bzw. 8.15–20 Uhr (Sommer) · Neckartalstraße · 70376 Stuttgart · Tel. 0711 540 20, www.wilhelma.de
Haltestelle Wilhelma oder Rosensteinbrücke U14, 13

Mord im Weinberg

Wengerterhäuschen als Rastplatz und Unterstand gibt es in den Weinbergen rund um Stuttgart zuhauf. Doch wie kommt ein Türmchen in die Rebenlandschaft? Der Ailenbergturm oberhalb von Obertürkheim und Uhlbach steht auf geschichtsträchtigem Boden und kann mit einem Geist, dem »Schlurger«, aufwarten.

In guten Weinjahren schlurft er angeblich um Mitternacht durch die Weinberge und passt auf, dass sich keiner an den Trauben bedient. »Schlurger« heißt das Gespenst, dem der Ailenbergturm seinen zweiten Namen, »Schlurgertürmle«, zu verdanken hat. Dass der Geist der Fantasie eines um seine Ernte besorgten Weingärtners entsprungen ist, liegt nahe. Das Türmchen, das inmitten von Rebflächen oberhalb des Neckartals, auf Esslinger Gemarkung, aber nahe der Stuttgarter Ortsteile Obertürkheim und Uhlbach liegt, ist jedoch sehr real. Es soll auf den letzten Wunsch eines gewissen Joß Burckhardt aus Esslingen im Jahr 1575 als Lusthäuslein errichtet worden sein. Zuvor stand an der Stelle vermutlich ein anderes Türmchen, von dem aus die Esslinger ihre Erzfeinde, die Württemberger, im Auge behalten konnten. Deren Stammburg Wirtemberg stand in

▶ **Vom oberhalb des Turms gelegenen Ort Rüdern, Haltestelle Glocke, fährt der Bus 109 nach Esslingen. Die Stadt hat eine wunderschöne Altstadt zu bieten.**

Sichtweite; dort, wo heute die Grabkapelle thront. Laut einer Sage soll in eben diesem Turm ein Mord stattgefunden haben, in den kein Geringerer als Ezéchiel de Mélac, ein General des französischen Königs Ludwig XIV., verwickelt war. Der General soll bei der Belagerung der Stadt Esslingen Ende des 17. Jahrhunderts ein schönes Mädchen erspäht und dieses so lange bedrängt haben, bis es einem Treffen im Ailenbergturm zustimmte. Dort soll das »Mädchen von Esslingen« einen Dolch gezückt und versucht haben, Mélac zu erstechen. Dieser wurde nur verletzt, tötete die junge Frau mit einem Dolchstoß und verließ dann, angeblich aus schlechtem Gewissen, mit seinen Truppen überstürzt die Stadt, die so von Verwüstungen weitgehend verschont blieb.

Ailenbergturm · Zugang aus Stuttgart-Obertürkheim über die Rüderner Straße, dann zu Fuß durch die Weinberge Richtung Rüdern · Haltestelle Serachstraße Bus 62

Im Ailenbergturm aus dem 16. Jahrhundert soll sich Dramatisches abgespielt haben.
Der Weg von Obertürkheim aus führt vorbei an romantischen Ecken.

Von der Terrasse aus haben Besucher den Flughafenbetrieb genau im Blick. Dieser Oldtimer geht nicht mehr in die Luft.

Nur fliegen ist schöner

Die ganz Hartgesottenen stellen sich sogar im Winter auf die Besu-cherterrasse des Flughafens und beobachten das Treiben auf dem Rollfeld. Von hier aus hat man einen fantastischen Ausblick auf die startenden und landenden Flieger – in direkter Nachbarschaft zu einigen Oldtimer-Flugzeugen.

Starts und Landungen gehören natürlich zu den spektakuläreren Ereignissen auf dem Flughafengelände. Bis zu 400 pro Tag kann man am Flughafen, der seit dem Jahr 2014 nach dem ehemaligen Stuttgarter Bürgermeister Manfred Rommel benannt ist, erleben. Doch auch zwischendurch gibt es einiges Interessantes zu sehen. Bevor es in die Ferne geht, müssen die Flugzeuge betankt werden, das Bordmenü für die Fluggäste wird angeliefert und natürlich das Gepäck der Passagiere. Auf dem Flughafen herrscht steter Betrieb, der sich von der Besucherterrasse auf der Ebene 5 des Terminals 3 bestens beobachten lässt. Hier stehen auch noch einige alte Flugzeuge, die längst nicht mehr in die Luft gehen, aber dafür umso genauer in Augenschein genommen werden können. Wem das alles noch nicht genügt, der kann nach Anmeldung an einer der Flughafenführungen teilnehmen, die regelmäßig angeboten werden. Es gibt zwei Schwerpunktthemen. Eine Führung legt den Fokus auf das Thema Passagiere und Verkehr und bietet neben einer Tour durch die Terminals und die Sicherheitskontrolle eine Rundfahrt über das Vorfeld und den Bereich, in dem die Flugzeuge abgefertigt werden. Außerdem dürfen die Besucher die Gepäckverteilung besichtigen. Eine zweite Führung konzentriert sich auf den Bereich Umwelt und zeigt beispielsweise anhand von Lärmmessungen, wie laut es an der Start- und Landebahn zugeht. Die Teilnehmer lernen Zukunftstechnologien kennen, dürfen aber auch, wie bei der anderen Tour, die Terminals und die Sicherheitskontrolle besichtigen. Anmelden kann man sich für die zweistündigen Führungen über die Internetseite des Flughafens oder per Telefon. Es gibt auch Führungen für Kindergärten und Schulklassen, die etwa anderthalb Stunden dauern.

Besucherterrasse Flughafen Stuttgart Terminal 3, Ebene 5 · April–September 9–20.30 Uhr Oktober–März 8–19 Uhr · 70629 Stuttgart · Tel. 0711 948 27 37, Anmeldung zu Führungen Tel. 0711 948 37 54 · www.flughafen-stuttgart.de · Haltestelle Flughafen S2, 3

Verfressen und weltberühmt

Sie gehört zu den gefräßigsten Berühmtheiten dieser Welt, ihr Name ist Programm. Die kleine Raupe Nimmersatt kennt fast jeder. Dass ihr Schöpfer in Feuerbach aufgewachsen und zur Schule gegangen ist, ist längst nicht so bekannt. Das Projekt »Begehbares Feuerbacher Gedächtnis« soll das ändern.

Kleine Raupe, großer Hunger, noch höhere Auflagen. Rund 41 Millionen Exemplare des mittlerweile zum Klassiker avancierten Kinderbuchs »Die kleine Raupe Nimmersatt« hat der Autor Eric Carle bislang verkauft. Die Raupe, die sich mit einem Berg von Leckerbissen den Bauch vollschlägt und schließlich als prächtiger Schmetterling aus dem Kokon schlüpft, ist 1969 erschienen. Seitdem ist das Buch in mehr als 60 Sprachen übersetzt worden. Eric Carle, der die Geschichte erdacht und illustriert hat, ist 1929 im nordamerikanischen Syracuse auf die Welt gekommen. Seine Eltern Johanna und Erich Carle aber waren wenige Jahre zuvor aus Stuttgart ausgewandert. Mitte der 1930er-Jahre kehrte die Familie Carle dorthin zurück und lebte in der Dieterlestraße in einem Backsteinhaus, das Erics Großvater, Karl Oelschläger, gekauft hatte. Es steht heute noch, ist zwar nicht öffentlich zugänglich, aber eine Station des Projekts »Begehbares Feuerbacher Gedächtnis«. Rund 80 interessante Orte sind mit Infotafeln versehen worden, die erklären, welche Bewandtnis es mit den Sehenswürdigkeiten hat. Über einen QR-Code kann man Informationen im Internet abrufen und erfahren, dass Carle Schüler am Leibniz-Gymnasium war; nach eigenen Schilderungen mit mäßiger Begeisterung und ebenso mäßigem Erfolg. Sein Grafikstudium an der Akademie der Bildenden Künste lief deutlich besser. 1952 hat er seinen Traum wahr gemacht und ist mit einer Bewerbungsmappe und 40 Dollar nach New York gereist. Dort arbeitete er als Grafikdesigner und begann, Bücher zu schreiben. Gleich mit dem zweiten, der in Collagetechnik gestalteten Raupe Nimmersatt, landete er einen Volltreffer. Bis heute lebt Eric Carle in Amerika, wo er ein Museum eingerichtet hat, in dem eine sehr gefräßige, kleine Raupe ganz groß rauskommt.

Oelschlägerhaus · Dieterlestraße 16 · 70469 Feuerbach · www.feuerbach.de/historie
Haltestelle Feuerbach S4, 5, 6, 60 und Wilhelm-Geiger-Platz U6, 13

In diesem Haus ist der Autor Eric Carle aufgewachsen.
Das Kinderbuch »Die kleine Raupe Nimmersatt« hat den Feuerbacher weltberühmt gemacht.

Begehbares Feuerbacher Gedächtnis

Oelschläger-Haus

Die kleine
Raupe
Nimmersatt
von Eric Carle

Gerstenberg

Eric Carle und sein bekanntestes Kinderbuch

Unternehmer Karl Oelschläger, der Großvater des weltberühmten
Kinderbuchautors Eric Carle, hat dieses Haus im Jahre 1935 erworben.
Eric Carle, 1929 in Syracuse/USA geboren,
wohnte hier nach Rückkehr aus den USA mit seinen Eltern von 1935 bis 1952.
Er besuchte in Feuerbach die Brühl-Grundschule und die Oberschule.
Danach studierte er Grafik an der Stuttgarter Akademie der Künste.
Als 23-Jähriger kehrte er wieder in die USA zurück,
wo er sich in verschiedenen Unternehmen als Designer weiterentwickelte.
Mit 30 Jahren begann er seine Karriere als erfolgreicher Kinderbuchautor;
für sein künstlerisches Schaffen erhielt er 2001 das Bundesverdienstkreuz.
Seit 2002 wohnt er im Wechsel in North Carolina und in Florida.

Diese Tafel wurde 2013 gespendet von Feuerbacher Bürgern

Die Bücher der Xylothek sind komplett aus Holz gemacht.
Römische Hipposandalen und keltische Eisen zeigt die Hufeisensammlung.

Luxusbibliothek für Baumfreunde

Eine Bibliothek der besonderen Art ist in der Sammlung der Uni Hohenheim zu sehen: Alle Bücher dieser rund 200 Jahre alten Xylothek sind komplett aus Holz gearbeitet. Darüber hinaus hat das Zoologische und Tiermedizinische Museum unter der Kuppel von Schloss Hohenheim manche tierische Kuriosität zu bieten.

Eine dicke Schicht Rinde dient als Einband der Bücher der Xylothek im Schloss Hohenheim. Doch das ist nicht die einzige Besonderheit dieser Bände, von denen jeder einer anderen Baumart gewidmet ist – der Eiche, der Buche, der gemeinen Kiefer oder dem sogenannten Lebensbaum Thuja. Papierne Seiten zum Blättern gibt es keine. Der Betrachter liest hier auf eine andere Art. Aufgeklappt geben die Bücher, die komplett aus dem Holz des jeweiligen Baums gefertigt sind, zwei Fächer frei, in denen alles Wissenswerte über die Baumart verstaut ist. Getrocknete Blätter, Samen, Früchte und kleine Zweige dienen als Anschauungsobjekte. Die Xylothek stammt aus der Zeit Ende des 18. Jahrhunderts und gehört mit ihren 189 erhaltenen Bänden zu den größten, die es in Deutschland gibt. Allzu viele dieser Holzbibliotheken hat es ohnehin nie gegeben. Sie waren ein teures Gut, das sich nur Adlige oder Klöster leisten konnten. In anderen Vitrinen des Schlossmuseums lagert ein Sammelsurium von Tierskeletten und Präparaten; die Bandbreite reicht von Blattläusen bis zum Bartgeier. Ein siamesisches Zwillingskalb und ein Albino-Dachs – mit Sonnenbrille – gehören zu den kuriosesten Ausstellungsstücken. Zu sehen sind auch fußballgroße Eier ausgestorbener Laufvögel, ein metergroßes Wespennest, martialisch wirkende Gerätschaften, die Tierärzte um 1900 zur Behandlung benutzten, und eine Sammlung verschiedener Hufeisen: von der römischen Hipposandale, die mit Lederriemen befestigt wurde, über keltische Eisen bis zu orthopädischen Beschlägen aus neuerer Zeit.

▶ **Das Museum im Spielhaus im exotischen Garten erklärt die Geschichte von Schloss und Uni Hohenheim. Im Park rund ums Schloss wachsen beispielsweise Mammutbäume und ein Riesen-Lebensbaum.**

Zoologisches und Tiermedizinisches Museum · So 10–16 Uhr · Mi 10–14 Uhr (August nur sonntags, Dezember geschlossen) · Schloss Hohenheim Mittelbau · 70599 Stuttgart Tel. 0711 45 92 42 42 · www.uni-hohenheim.de · Haltestelle Plieningen-Garbe U3

Tierparadies Teststrecke

Das Sumpfgebiet unweit von Schloss Solitude ist ein Refugium für seltene Amphibien, Reptilien, Wasservögel und Pflanzen. Ein Schild an einem Baum verrät, dass das Areal kurioserweise den Namen Daimlerplatz trägt. Er erinnert an eine Zeit, als die Firma mitten im Wald geländegängige Lastwagen testete.

Ein Bombenabwurf im Zweiten Weltkrieg hat den Weg frei gemacht für die in Vergessenheit geratene Teststrecke. Mehr als ein Hektar Wald machte die Bombe zunichte, die Fläche verwandelte sich daraufhin in ein Sumpfgebiet. Beste Voraussetzungen für die Firma Daimler Benz, um an dieser Stelle die Belastbarkeit der Achsen und die Dichtigkeit der Motoren ihrer Lastwagen zu prüfen. Im Jahr 1949 mietete der Fahrzeugbauer das Gelände von der Forstverwaltung und ließ die Laster für jeweils wenige Wochen im Jahr im Rahmen eines Härtetests ihre Kreise ziehen. Historische Fotos zeigen Fahrzeuge, die durch Massen von Schlamm pflügen, der Matsch reicht ihnen bis kurz unter das Führerhaus. Runde um Runde drehten die Lastwagen, was dazu führte, dass die Fahrrinne immer tiefer und das Erdreich immer mehr verdichtet wurde. Das Regenwasser konnte so kaum noch abfließen, staute sich zu Tümpeln, und der Rundkurs, dessen Verlauf man noch heute erkennen kann, verwandelte sich in ein Sumpfgebiet, in dem sich seltene Molche, Frösche und Unken, aber auch Ringelnattern oder Waldeidechsen ansiedelten. Mitte der 1970er-Jahre stoppte der Lastwagenhersteller seine Testfahrten, die Natur hatte nun freie Bahn. Nun wucherten Büsche den Rundkurs zu, der obendrein zunehmend verlandete. So musste also jemand anderes die Arbeit übernehmen, die einst die Lastwagen erledigt hatten. Die Wasserbereiche wurden ausgebaggert, das Gebüsch gelichtet, um den Lebensraum für Arten, die Licht und Wärme lieben, zu erhalten. So kreucht und fleucht allerlei Getier in und um die Tümpel – zur Freude von Reiher und Co., die hier jede Menge Leckerbissen finden.

▶ Das nahe gelegene »Schatzkästlein Herzog Carl Eugens«, Schloss Solitude, lohnt einen Abstecher.

Daimlerplatz · Hinweisschild am Parkplatz Bergheimer Steige · 70499 Stuttgart
Haltestelle Salamanderweg U6, 13 (20 Minuten Fußweg)

Der Rundkurs der Lastwagen-Teststrecke ist noch zu erkennen.
Beim Testlauf pflügten die Fahrzeuge durch metertiefen Schlamm.

Die Jeans-Doktorin heilt selbst scheinbar hoffnungslose Fälle.

Ein Fall für Doktor Denim

Keine Frage, manche Jeans wird geliebt. So sehr, dass ihr Träger sie selbst nach der Diagnose Gewebebruch nicht in den Altkleidersack stopft, sondern stattdessen die Sprechstunde einer besonderen Ärztin aufsucht.

Als Jeans-Doktorin hat sich Tajana Gali weit über die Region Stuttgart hinaus einen Namen gemacht. Denn sie verarztet in ihrer ganz besonderen Praxis in einem romantischen Fachwerkhaus durchgescheuerte, zerrissene und löcherige Jeans derart versiert, dass dem Patienten nach der Operation quasi keine Narbe bleibt und er um Jahre verjüngt wirkt. Zunächst aber nimmt die Frau Doktor, die übrigens tatsächlich Tochter eines Arztes ist, die lädierte Hose in ihrer Sprechstunde ganz genau in Augenschein. So kommen auch versteckte Leiden ans Tageslicht und können prophylaktisch behandelt werden, bevor sie akut werden. Nach der Diagnose kommt der Kostenvoranschlag. Gibt die Krankenkasse des Patienten grünes Licht, legt Tajana Gali los. Sie näht Wunden und nimmt auch mal Transplantationen vor, um ihre Patienten zu retten. Bei ihrer Arbeit kommt der ausgebildeten Modedesignerin ihr geschultes Auge zugute. »Das Material und die Farbnuancen beim Faden müssen passen«, sagt sie über das Geheimnis richtig guter Flickarbeit. Ein Glück, dass sie im Laufe von fast drei Jahrzehnten ein üppig ausgestattetes Ersatzteillager mit unterschiedlichen Jeansstoffen angehäuft hat. Dort findet sich für jede Hose das richtige Stoffpflaster, das Tajana Gali unsichtbar, nämlich von innen, anbringt. Die Schönheitsoperationen laufen so erfolgreich, dass die Patienten mittlerweile aus der ganzen Republik und dem deutschsprachigen Ausland in der Praxis der Jeans-Doktorin eintrudeln. Manche werden persönlich von ihren Besitzern vorbeigebracht, andere reisen mit der Post an. Überdurchschnittlich viele Patienten werden von Männern eingeliefert. Diese wissen es offenbar besonders zu schätzen, wenn der Stoff ihrer Beinkleider nirgendwo zwickt, sondern sich perfekt an die Ausbuchtungen und Wölbungen des Körpers schmiegt.

Jeans-Doktor Stuttgart Tajana Gali · Sprechstunde Mi 10–12.30 und 14.30–18 Uhr
Kurze Straße 43 · 71332 Waiblingen · Tel. 07151 588 14 · www.jeans-doktor.de
Haltestelle Waiblingen S2, 3

540 Quadratmeter Filmvergnügen

Kino kann so schön sein – wenn keine raschelnden und flüsternden Sitzriesen im Saal sind. Im Autokino Kornwestheim genießt das Publikum Blockbuster in den eigenen vier fahrbaren Wänden. Die Idee, das heilige Blechle ins Kino mitzunehmen, kommt aus den USA, könnte aber von einem Bewohner der Autostadt stammen.

In diesem ganz speziellen Kino bleiben frisch Verliebte unter sich und absolut ungestört und selbst Spätarbeiter, Eltern ohne Babysitter und Hundebesitzer, die ihren Liebling ungern für mehrere Stunden alleine lassen, bekommen hier eine Chance auf einen unterhaltsamen Filmabend im Großformat. Denn die Vorstellungen beginnen deutlich später als in anderen Kinos der Stadt, und kein Mensch stört sich daran, wenn auf der Rückbank der Nachwuchs schlummert oder Bello genüsslich an einem getrockneten Rinderrohr kaut. Alle sind willkommen vor der beeindruckend großen Leinwand des Autokinos in Kornwestheim, direkt vor den Toren Stuttgarts. Stattliche 36 auf 15 Meter misst das größere der beiden Exemplare auf dem Gelände, die kleinere Variante bringt es immerhin noch auf 240 Quadratmeter. Insgesamt knapp 600 Fahrzeuge finden vor den beiden Bildwänden Platz, die das Herz des einzigen Autokinos im Ländle bilden. Einfach einen Stellplatz suchen, das Autoradio auf die passende Frequenz einstellen und es kann losgehen. An kühlen Tagen können Besucher gegen Pfand einen Heizlüfter ausleihen – wer mag, darf aber auch sein eigenes Gerät oder einfach eine Decke mitbringen. Eine Snackbar sorgt für die Verpflegung sollte die Autobatterie schwächeln, gibt der Kinobetreiber Starthilfe für den Heimweg. Vorstellungen finden bei jedem Wetter statt. Allein im Falle eines Schneetreibens oder bei starkem Nebel kann es passieren, dass eine Filmvorführung abgebrochen wird. Das Publikum darf seinen Besuch dann an einem anderen Abend kostenlos wiederholen. Die Idee des Autokinos stammt von dem Amerikaner Richard Hollingshead, der 1933 das erste gründete. Die Filme flimmerten damals nicht über eine Leinwand, sondern wurden auf eine große, weiße Mauer projiziert.

Autokino Stuttgart Kornwestheim · Tambourstraße 1 · 70806 Kornwestheim
Tel. 07141 90 22 80 · www.autokino-kornwestheim.de

Ins Autokino bringen die Besucher ihr heiliges Blechle einfach mit.

Der Museumszug Feuriger Elias fährt nur dank vieler ehrenamtlicher Helfer.
Rastplatz im Grünen: die Waldschenke Sieben Linden

Mit Volldampf voraus

Die Schaffner in ihren Uniformen, die Lokführer, die Heizer und die Postkartenverkäufer – sie alle machen ihren Job ehrenamtlich. Seit die Gesellschaft zur Erhaltung von Schienenfahrzeugen (GES) im Jahr 1965 gegründet wurde, sorgen ihre Mitglieder dafür, dass auf den Gleisen rund um Stuttgart nicht nur moderne Züge, sondern auch historische Eisenbahnfahrzeuge aus der guten alten Zeit fahren. Zum Beispiel der Feurige Elias, ein Museumszug, der auf der Strecke von Korntal nach Hemmingen von der einzigen betriebsfähigen Dampflok der ehemaligen Königlich Württembergischen Staats-Eisenbahnen, Baujahr 1906, gezogen wird. Ein Erlebnis!

Feuriger Elias · Abfahrt z.B. am Bahnhof Korntal · Bahnhofplatz 1
70825 Korntal · www.ges-ev.de · Haltestelle Korntal S6, 60, Bus 90, 612

Bier und Bratwurst
unter Linden

Sieben alte Linden haben dem traditionsreichen Ausflugslokal Waldschenke Sieben Linden oberhalb von Uhlbach den Namen gegeben. Die Bäume, deren Anzahl im Laufe der Zeit geschrumpft ist, sind bereits vor vielen Jahrzehnten als Naturdenkmale geschützt worden. Das holzverschalte Häuschen am Waldrand ist urgemütlich und eine beliebte Anlaufstelle für Spaziergänger und Radfahrer. An der Waldschenke gibt es einen sehr schönen Biergarten. Auf der Speisekarte stehen schwäbische Gerichte wie Maultaschen aus eigener Herstellung, außerdem Kässpätzle oder hausgemachte Bratwurst. Die nahe gelegene Katharinenlinde bietet die schönste Fernsicht weit und breit.

Waldschenke Sieben Linden · Mo, Di, Fr, Sa 11.30–20 Uhr · Mi 11.30–15 Uhr · So 11.30–19 Uhr
Finsterklinge Gewann 1/1A · 70327 Stuttgart · Tel. 0711 37 36 16
www.sieben-linden-waldschenke.de · Haltestelle Uhlbach Bus 62, dann rund 20 Minuten Fußweg

Dinosaurier und ein Bad im Dornröschenschlaf

Im schönen Krummbachtal haben sich schon die Saurier wohlgefühlt. Der Beweis sind Fußspuren, die Forscher dort im stillgelegten Steinbruch entdeckt haben. Heute ist das Tal Lebensraum für seltene Kröten und ein beliebtes Ausflugsziel vor den Toren Stuttgarts.

Bis zu 17 Zentimeter groß sind die Spuren, welche die Saurier im Stubensandstein des stillgelegten Steinbruchs im Krummbachtal hinterlassen haben. Wer die Trittsiegel, die für Laien kaum zu erkennen sind, erzeugt hat, ist nicht mit letzter Sicherheit zu sagen. Die Saurier sind längst ausgestorben, doch der ehemalige Steinbruch im Krummbachtal beherbergt auch jetzt noch seltene Lebewesen – Kreuzkröten und Gelbbauchunken zum Beispiel. Zum Steinbruch gelangt man von der Krummbachtalstraße aus über einen schmalen Waldweg links des ehemaligen Naturfreibads. Letzteres hat der Arbeiterschwimmverein Stuttgart-Ost Ende der 1920er-Jahre gebaut. Rund 70 Jahre war das ungeheizte Kultbad, das mit Quellwasser gespeist wurde, in Benutzung. Anfang der 1990er-Jahre wurde es dicht gemacht, weil es nicht mehr den Vorschriften entsprach. Das abgezäunte

▶ **Das Waldgasthaus Krummbachtal bietet Kulinarisches, viel Platz im Freien und günstige Übernachtungsmöglichkeiten.**

Schwimmbecken ist erhalten, das Gelände aber von Brombeersträuchern und Gebüsch überwuchert. Wer das Bad rechts liegen lässt und auf dem Waldpfad weiter geht, erreicht einen mit großen Natursteinplatten gepflasterten Weg, der nach links führt, und landet schließlich auf einer riesigen Lichtung, die nahezu rundum von der gewaltigen Mauer des Steinbruchs umschlossen wird. Seit den 1950er-Jahren ist hier kein Stein mehr abgebaut worden, aber im 19. Jahrhundert war der Steinbruch eine wichtige Verdienstquelle für die Gerlinger Bürger. Mit den Natursteinquadern belieferten sie umliegende Städte und versorgten beispielsweise auch die Stadt Stuttgart mit Baumaterial. Eine Informationstafel zum Thema Geologie erklärt, wie und wo sich am Steinbruch ein wichtiges Kapitel der Erdgeschichte ablesen lässt.

Krummbachtal · Krummbachtalstraße · 70839 Gerlingen · Haltestelle Robert-Bosch-Platz
Bus 98, von dort ca. 15 Minuten Fußweg

Früher waren hier Saurier unterwegs, heute Kreuzkröten und Gelbbauchunken.
Das ehemalige Naturfreibad ist um 1990 dicht gemacht worden.

Register

Ausgehen

Einkaufen

Freizeit und Familie

Kunst und Kultur

Natur

Überraschendes und Spannendes

Verantwortlich: Katrin Pommer
Redaktion: Dorothee Engel
Layout: graphitecture book & edition
Repro: LUDWIG:media
Korrektorat: Asta Machat
Umschlaggestaltung: Frank Duffek
Kartografie: Huber Kartographie, München
Herstellung: Anna Katavic
Printed in Italy by Printer Trento

Sind Sie mit diesem Titel zufrieden? Dann würden wir uns über Ihre Weiterempfehlung freuen.
Erzählen Sie es im Freundeskreis, berichten Sie Ihrem Buchhändler oder bewerten Sie bei Onlinekauf.
Und wenn Sie Kritik, Korrekturen Aktualisierungen haben, freuen wir uns über Ihre Nachricht an Bruckmann Verlag, Postfach 40 02 09, D-80702 München oder per E-Mail an lektorat@verlagshaus.de.

Unser komplettes Programm finden Sie unter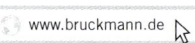

Alle Angaben dieses Werkes wurden von der Autorin sorgfältig recherchiert und auf den aktuellen Stand gebracht sowie vom Verlag geprüft. Für die Richtigkeit der Angaben kann jedoch keine Haftung übernommen werden.

Bildnachweis: Alle Bilder im Innenteil und auf dem Umschlag stammen von Olaf Krüger, mit Ausnahme von: Seite 31 (Oliver Röckle), Seite 32 (Heinz Häsle), Seite 83 (Telephil, Wikimedia Commons), Seite 132 (Kinothek_Obertuerkheim), Seite 180 oben (Susanne Mayr), Seite 180 unten (Das Foto befindet sich auf einer Infotafel an der Teststrecke. Die Rechte konnten nicht geklärt werden.)

Die Deutsche Nationalbibliothek verzeichnet diese Publikation in der Deutschen Nationalbibliografie; detaillierte bibliografische Daten sind im Internet über http://dnb.d-nb.de abrufbar.